学　术　集　刊

珠海市社会科学界联合会 编

2018 年第 1 期 总第 89 期

ZHUHAI TREND OF THOUGHT

珠海潮

社会科学文献出版社
SOCIAL SCIENCES ACADEMIC PRESS (CHINA)

发刊词
立新时代之潮头　发新思想之先声

蔡新华

我们欣逢一个伟大的时代，这就是中国特色社会主义新时代。"这是一个需要理论而且一定能够产生理论的时代，这是一个需要思想而且一定能够产生思想的时代。"在这样一个风起云涌、大潮激荡的时代，中国正经历着历史上最为广泛而深刻的社会变革，也正在进行着人类历史上最为宏大而独特的实践创新。这种前无古人的伟大实践，必将给理论创新、学术繁荣提供强大动力和广阔空间，给广大哲学社会科学工作者提供述学立论、建言献策的千载良机和用武之地，诚如习近平总书记所期望的，"立时代之潮头，通古今之变化，发思想之先声。"

在这样一个大时代背景下，也许是机缘巧合，但更应该是风云际会，自2018年起，《珠海潮》社科理论刊物从由中共珠海市委宣传部主管、珠海市社会科学界联合会主办的一份内刊，"摇身一变"成为由社会科学文献出版社公开出版发行的集刊，完成了一次"华丽转身"，实现了"破茧成蝶"的质变。

创刊于1995年的《珠海潮》，始终坚持特区"敢闯、敢试、敢为天下先"的理论探索精神和正确的学术导向，为珠海的全面发展鼓与呼，迄今已走过了22年的风雨历程，出刊88期，从未间断。新的时代，呼唤《珠海潮》要有新的理念、新的思路、新的发展、新的作为、新的面貌。

珠海作为最早设立的经济特区之一，在中国改革开放的大潮中应运而生，与国家的飞速发展相伴同行。近40年来，几代特区人"筚路蓝缕，以启山林"，艰苦创业、奋力拼搏，成就了珠海的今天。昔日偏僻落后的一个边陲小县、海防禁区，如今沧海桑田、覆地翻天，已然成为一座现代化花园式的滨海新城，人均GDP和财政收入位居全国前列。进入新时代的珠海，正抢抓粤港澳大湾区、自贸试验区和"一带一路"国家建设的历史性机遇，全力以赴建设珠江西岸核心城市和广东副中心城市，努力成为粤港澳大湾区创新高地、"一带一路"建设支点和城乡共美的幸福之城。时代的呼唤、形势的发展，对拥有10所高校、在校大学生和教师数量位居广东第二位的珠海社会科学事业发展提出了新的要求。

"羽化蝶变"后的《珠海潮》，将立足珠海、辐射粤港澳大湾区、面向全国，秉持开放创新的办刊宗旨，勇立时代潮头，紧随形势发展，站在学术前沿，以专业的视角研究问题，为社科界提供优质的学术研究和交流平台，为哲学社会科学的繁荣发展做出特区人应有的贡献。真诚期待广大哲学社会科学工作者共同关注、支持、呵护《珠海潮》，争当"弄潮儿"。——"手举红旗旗不湿，弄潮儿向潮头立！"

目 录

CONTENTS

粤港澳大湾区研究

CONTENTS

Economy and Management

Insight into the Guangdong-Hong Kong-Macao Greater Bay Area

专题策划：学习党的十九大精神

Special Feature: Study on the Spirit of The 19th National

Congress of the Communist Party of China

基层全面从严治党的方法和途径研究

——基于新时代治理逻辑的组织功能实现

刘振环　孙　磊*

【摘要】基层全面从严治党的最主要的、最急迫的任务是全面加强基层党组织的功能和作用。新时代基层党组织的"服务功能"同"政治功能"是一致的，具有"资源调控"、社会整合与内部凝聚、价值传递与共同价值形成的功能。基层党组织全面从严治党，实现组织功能，需要深刻把握中国新时代的治理逻辑，尤其是时刻把握"以人民为中心"的根本治理逻辑，以新的逻辑理念推动理想信念建设的不断强化；以外部聚集性整合与内生性动力转化推进基层党组织的功能实现；以服务性介入实现基层党组织的制度创建与行为引领。

【关键词】从严治党　治理逻辑　新时代

全面从严治党，既是时代发展的现实要求，也是国家治理逻辑的必然选择。习近平总书记在十八届中纪委六次全会讲话中提出："全面从严治党，核心是加强党的领导，基础在全面，关键在严，要害在治"，[①] 这深刻阐释了全面从严治党的新内涵。

"以人民为中心"，是党从中国社会主义实践出发，借鉴当今世界国家

---

* 刘振环，博士、教授，北京师范大学珠海分校马克思主义学院院长，主要研究方向为政治理论，北京师范大学硕士生导师；孙磊，北京师范大学珠海分校法律与行政学院讲师，主要研究方向为思想政治教育。

① 习近平：《坚持全面从严治党依规治党，创新体制机制强化党内监督》，http：//www.ccdi.gov.cn/special/lcqh/index.html，2017 年 12 月 20 日。

治理经验得出的中国当代治理逻辑，它是中国特色社会主义国家治理的根本逻辑。"习近平新时代中国特色社会主义思想"的提出，贯穿着"以人民为中心"的理论品质、逻辑品质。人民对美好生活的需要不仅对物质文化生活提出了更高要求，而且在民主、法治、公平、正义、安全、环境等方面的要求也日益增长。

中国共产党基层组织的状况是关乎"执政安全"的大问题，经济和社会的变革、党员和党组织依赖关系的变化使得基层党组织建设遇到了前所未有的挑战。突出的困难在于：如何在坚持党内民主、依法治国中加强党的领导和实现党组织的政治整合功能；如何在市场经济的工具理性中培育共同的社会主义价值道德信仰；如何在否定国际社会主义实践的浪潮中构建中国特色社会主义理论基础和实践逻辑；如何在国家社会和体制系统性剧变的复杂环境中保持基层党组织的核心凝聚力和动量传递。尽管各地在基层全面从严治党的探索中取得了一定成效，但由于存在组织设置方式、治理逻辑、行动选择中的固有惯性等问题，基层全面从严治党工作并没有实现突破性进展。一些单位党组织因为治理能力弱化而成为附着性党组织，对实现执政党基层组织功能的作用十分有限。就整体而言，当前实现基层全面从严治党最主要的、最急迫的任务就是全面加强基层党组织的功能和作用。如何实现基层党组织的功能，走出"发挥作用难"的困境？本文主要从当代治理逻辑的视角出发，对这一问题进行探究。

一　新时代治理逻辑与基层党组织理想信念

1. 理想信念的现实分析

"以人民为中心"，这样的国家治理根本逻辑既符合当代世界国家治理"人本"和"善政"的理念，又是对当代中国发展规律的把握，更与中国共产党的根本宗旨和奋斗目标一脉相承。当前，不断增强基层党组织和党员的理想信念力量和党性力量就是新时代治理逻辑的体现，更契合了全面从严治党的思想建设根本要求。在基层全面从严治党工作中突出开展信仰教育、理想信念教育和党性教育是优化基层党组织行动理念的基本前提和本质要求。

当前，我国主流意识形态面临的挑战不仅有多元价值取向的冲击、敌对势力的文化渗透、信仰渗透，而且以科学技术为主要载体的工具理性也已经成为现代社会突出的意识形态。根据笔者前期"机关服务型党组织建设"的调查，"党员信仰纯洁性"调查分析（访谈、座谈），就"入党动机"一项来看：年龄越大，认为当初是为了理想信念入党的人越多；年龄越小，入党动机表述得越复杂、越含糊，有的青年学生甚至直言不讳地说："入党是为了好找工作"。这反映出人们对个人利益的关注在不断增强。调查显示：有80%以上的人希望参与党内事务、在遇到思想困惑或生活困难时得到党组织的帮助。值得注意的是，在谈及共产党员信仰、对党和党组织的信心时，呈现出较为严重的分化趋势，有人表示"还是比较有信心的"，有人表示"毫无信心"。在谈到对马克思主义理论的认知时，认为"过时"的受访者不在少数。较为普遍的态度是支持党的反腐败斗争，认同现实国家发展道路及其取得的巨大成就，但对于信仰问题比较模糊。

信仰的产生是理性和非理性的统一运动过程。开展理想信念教育，一方面要使受教育者对马克思主义、社会主义有合乎逻辑的连贯性认知，要有能够阐释和解决现实问题的理论力量。另一方面，要完成理想性和现实性的有机结合，党的信仰不仅是美好的憧憬，更是可以改变人们生活状态和实现人的全面发展的具体措施。

2. 理想信念教育的误区

误区一：把理想信念教育等同于信仰教育，甚至等同于党性教育。这不利于消除西方普世价值与宗教文化的影响。人类需要信仰来为自己确立价值目标。恩格斯指出："马克思的整个世界观不是教义，而是方法。它提供的不是现成的教条，而是进一步研究的出发点和供这种研究使用的方法。"[①] 理想信念教育是一种普适性教育；党性教育是一种选择性教育，是对党员的一种规定性要求。把它们混为一谈必然造成价值偏离和错位。把理想信念教育等同于党性教育，会导致人们在实践中认同性严重不足而产生知行分离的"两张皮"现象，严重影响教育效果。

---

① 《马克思恩格斯选集》第4卷，人民出版社，1995，第742~743页。

误区二：把党组织的理想信念教育等同于社会理想信念教育或个体理想信念教育。这会造成教育理念、教育方式和教育过程的逻辑混乱，从而严重影响教育的有效性。一方面，这会导致理想信念教育空洞、缺乏时代气息和人文精神关怀，使社会理想信念教育失真；另一方面，也使具体的多元的个人理想信念不能升华为具有巨大凝聚力、感召力与整合力的社会和党组织的理想信念。

误区三：把西方的信仰逻辑应用于党的理想信念教育，或者把一般的信仰危机在心理上认同为教育对象对理想信念的抵触和反对。西方的宗教信仰有着特定的文化背景，其形成和发展的逻辑不同于中华历史文化背景下的信仰选择，不能简单套用。对理论教条的反对或信仰缺失，不等于广大党员群众对理想信念没有追求，相反，人们的思想没有一刻的真空，坚定不移的中国特色社会主义理想信念教育对于基层全面从严治党十分重要。

3. 理想信念教育的逻辑与方法

遵循时代发展的逻辑。理想信念教育要紧紧围绕党的中心任务和时代背景来开展，使理想信念教育具有鲜明的时代特色。"新时代"最主要的特征是"我国社会主要矛盾已经转化为人民日益增长的美好生活需要和不平衡不充分的发展之间的矛盾"。关键要引导党员干部把理想信念建立在对国家治理逻辑的深刻理解和准确把握上。

遵循"以人民为中心"的逻辑。从始至终牢牢把握这个当代中国发展的根本逻辑。更加关注整体协同的法治理念、更加关注民权民生的依法治理、更加关注公平正义的价值导向。[1] 更加关注公共服务精准化、放管结合平衡化、社会组织正向化的变革逻辑。

强化先进带动的逻辑。榜样是另一种话语方式，要在创先争优活动中坚定党员的理想信念。当前，基层党员干部的思想日趋多元，模范人物的标准和类型也在发生着深刻变化。在强化典型带动工作中，选择标准未必要"高大全"，尤其要注重个人典型成长过程的考察和培育，避免过分拔

---

[1] 中国人民大学国家发展与战略研究院国家治理研究中心：《国家治理创新年度报告（2017）》，http：//www.china.com.cn/opinion/think/2017－04/10/content_40590077.htm，2017年12月20日。

高政治觉悟和道德水平。而典型人物的"悲情""苦情"往往是把双刃剑，有时会起反作用。① 要树立叫得响、立得住、群众公认的先进典型，集体典型要多奖励，先进单位成员要多出经验、多出人才、多出领导干部。垄断评优评先也是一种腐败，一些单位的评优评先成为一种"待遇"和利益工具，"领导优先"的现象时常出现。要严格规定评优评先中领导干部的比例，建立一套科学合理、行之有效的评价机制。

理想信念和党性教育既需要灌输、重复，更需要体验感悟、内化于心，要遵循受教育者的认知规律，要注重知行合一，增强教育的生动性和感染力。区分不同层次、不同类别党员的特点，因人施教，是实现教育有效性的前提；而思想政治教育的内容首先应当体现人文关怀；积极探索党员喜闻乐见、富有时代特点的新方法，创新教学形式也是确保理想信念和党性教育取得实效的重要保证。

二 以聚集性整合与内生性动力转化加强基层党组织的功能

新时代基层党组织的功能更加突出了"服务"，而"服务功能"同"政治功能"是一致的，服务本身也是当代治理逻辑下基层党组织的政治功能，是基层全面从严治党的主要表现。全面从严治党的目标是要提高基层党组织的活力，要实现这一点，不断加强基层党组织与党员和群众之间的有效联系是基本的路径选择。既有的经验和制度路径主要是通过对领导权和资源的控制来施加影响力，这已经产生了较为普遍的制度失灵现象。基层党组织必须开发新的政治资源，创造新的联系渠道，重建和强化与党员和群众的联系。基层服务型党组织建设面临的情况千差万别，中组部将基层党组织划分为七类：农村党组织、国有企业党组织、机关党组织、高校党组织、事业单位党组织、非公有制企业党组织和社会组织党组织，对各类基层党组织的功能要求不同，② 实现功能的方式不

---

① 刘思瑶：《多元文化背景下高校师德建设的方法与途径探析》，《中共珠海市委党校珠海市行政学院学报》2015 年第 3 期，第 45～48 页。

② 马国钧：《基层服务型党组织的本质内涵与建设路径》，《思想政治教育研究》2013 年第 5 期，第 80～85 页。

同。这里选取其中具有代表意义的机关党组织和社会组织党组织进行分析。

1. 结构功能主义分析的视角

结构功能主义学派代表人物帕森斯认为，"行动系统"由社会系统、行为有机体、人格系统和文化系统共同构成，社会系统的基本结构性单位是社会角色、集体和社会制度等。社会系统的维持和延续要满足四个功能性条件（AGIL 模型）。①"适应"功能，在很大程度上可以称之为"资源调控"功能，即社会系统从外部获得资源在系统中进行配置。②"目标达成"功能，即有助于确定目标并通过系统内的能量激发和调动实现目标的功能。③"整合"功能，即能够保持内部连贯性和一体化的维持能力。④"潜护"功能，即储存和配置能量的能力，包括运用符号、观念、价值等文化供应实现模式维持，① 以及共同价值规范的运用。这种社会系统运行机理分析对我们研究基层党组织功能实现有很好的借鉴意义。

2. 基层党组织的组织设置与功能定位

以机关党组织为例，机关党组织的基本功能是协助、监督和服务，领导体制是双重领导，即机关党组织要接受机关工委的领导和本单位党委（组）的指导。这种领导体制及其功能的配置，造成了机关工委领导和机关党委（组）关系的倒置，使得机关党组织功能难以实现，突出表现为协调监督不力、服务不到位。机关党组织既要依附于行政开展工作，又不是单位政治核心（还有党委或党组），这使得党内监督尤其是对党员领导干部的监督难以实现。这种特殊的角色定位，导致机关党组织比其他基层党组织在发挥功能时面临更多的困难和障碍。

根据这种组织设置的制度结构特性，要实现机关党组织的功能必须完整地理解其工作，不能把它仅仅看作是机关基层党组织的任务，必须把本部门党委（组）对机关党组织的指导作用包括进去。这是一个问题的两个方面。党委（组）的指导作用和机关党组织的工作任务各有规定，

---

① 王杨：《结构功能主义视角下党组织嵌入社会组织的功能实现机制——对社会组织党建的个案研究》，《社会主义研究》2017 年第 2 期，第 119～126 页。

缺一不可，不能片面地强调哪一个方面。更为重要的是要理顺机关党委（组）、机关工委和机关党组织的关系，机关党组织对行政负责人既要协助配合，又要监督，即既要配合协助好行政领导的工作，又不能使组织成为行政领导的"传声筒"。在干部使用管理上，机关党组织主要是配合干部人事部门对机关行政领导干部进行考核和评议，对机关行政干部任免、调动提出意见和建议，做到既发挥监督作用，又不越位。党委（组）对机关本身的思想政治工作和精神文明建设等要通过机关党组织的工作去实现，应该依靠和使用机关党组织去开展工作。鉴于目前党内监督体系呈现条块分割状态，纪检监察部门的工作边界模糊，而机关工委和基层党组织的监督职能虚化，建议考虑建立市纪委和市直机关工委的联署工作机制，将一般党风廉政建设、日常监督工作列出清单，由机关工委组织实施。

3. 基层党组织的"资源调控"功能（"适应"功能）

在结构功能主义视角下，行动系统需要通过控制、转化和分配资源来实现适应的功能。由于机关党组织并不直接领导本单位的业务工作，因此，其工作往往局限于本身的党务内容。一些机关党组织主要是组织学习，收缴党费，发展党员，谈不上发挥战斗堡垒作用。要深刻认识到思想政治工作没有单独的工作，必须紧紧围绕党组的中心任务开展工作，寓思想政治工作于服务中心之中。社会组织的全面从严治党要着眼于扩大党在社会领域的影响力和凝聚力，使社会组织党组织发挥政治核心作用，实现党对社会的有效整合。社会组织的目标是以社会影响力和资源效益为取向的，而党组织的目标是政治取向，因此，社会组织中"对于党建不感兴趣"是比较普遍的现象。这就需要社会组织党组织及其领导人发挥组织优势，实现"资源调控"。党组织的身份优势具有社会信用的意义，有助于发挥社会组织党组织的服务功能。资金、场地、人脉渠道、政策运用优势，甚至是党组织领导人的个人社会资本等，都可以融入社会组织。一些工作以党组织的身份联络和沟通能够达到社会组织的资源扩张、倍增和互补效应，这样容易得到社会组织内部对党组织的认同，可以有效避免社会组织对党组织的排斥。"从社会组织党建的宏观系统来讲，社会组织党建功能的实现首先应完成党推动经济社会和民主政治发展，从微观上则取决于党及其组织对社会组织利益的满足"。① 通过将社会资源注入和转化为社会组织的发展资源，凸显党组织价值，有助于强化社会组织党组织的适应功能。这就要求党组织不仅要强化公共服务功能，以服务联通社会的利益表达和互动交流，而且要通过利益协调来实现合作。

4. 基层党组织的社会整合与内部凝聚

结构功能主义十分重视整合功能，帕森斯指出，"所有社会都有整合问题，这些整合问题是价值制度化过程的焦点"。② 这种整合意义在社会组织基层党组织中表现得更为充分。①党组织可以运用原有体制内的工作经验，协助社会组织规范管理提高治理水平，并搭建平台促成与政府部门的合作服务活动，有效地实现社会组织被纳入政府引导和培育的规范化发展路径。②党组织可以通过活动的开展，传递政府完备的制度优势，推动社会组织内部治理的法治化进程。③党组织成员更可以充分发挥自身原则性强、政策熟的优势，帮助社会组织完善内部管理，为社会组织提升治理能力和治理水平。同时，党组织积极将社会组织的利益和发展要求有效地传达到上级党组织，成为社会组织中各种利益的表达者和协调者，③ 促成和实现政府与社会组织的沟通协作，实现社会合作治理。社会组织党建要达成目标，必须形成对集体内部成员之间的协调，促进社会组织内部成员的认同，避免党组织和社会组织行动的"两张皮"。党组织要善于通过共同活动实现社会组织有机发展，将党组织活动积极覆盖社会组织非党员成员，将党建工作和思想政治工作寓于社会组织工作之中，实现在相互融入基础上的共同行动。吸纳社会组织骨干成员加入党组织，使党组织的活动逐渐成为社会组织成员的内在需要，形成双向互动的内生式党组织建设。

5. 关于价值传递与共同价值的形成

结构功能主义认为，共同价值在社会系统中具有重要意义，一个目

① 王杨：《结构功能主义视角下党组织嵌入社会组织的功能实现机制——对社会组织党建的个案研究》，《社会主义研究》2017年第2期，第119～126页。
② 〔美〕帕森斯：《现代社会的结构与过程》，梁向阳译，光明日报出版社，1988，第57页。
③ 王杨：《结构功能主义视角下党组织嵌入社会组织的功能实现机制——对社会组织党建的个案研究》，《社会主义研究》2017年第2期，第119～126页。

标系统从本质上讲是一个价值系统，价值是构成系统秩序的先决条件。社会系统的功能发挥，关键在于存在将其成员整合在一起的共同价值体系。执政党用自身的意识形态有意识地对社会组织进行政治引导和价值观念影响，是社会组织党建目标实现的关键。在社会组织中推进全面从严治党工作，必须发挥政治整合的根本功能，强化有效的政治引导，这样才能在社会组织内部形成共享价值并产生长效的认同机制。在这里，基层党组织不仅要善于通过服务传递执政党的价值观念，而且要通过介入社会组织的业务工作，引导组织行为与党和国家的政策保持一致。如，引导开展公益服务以促进组织成长，保持组织社会主义的发展方向，等等。

三 以服务性介入实现基层党组织的制度创建与行为引领

基于新时代的治理逻辑，我们必须准确把握建设基层服务型党组织的本质要求和基本内涵。

1. 存在的问题

经过多年改革开放的发展，现行行政体系、企事业单位、农村和社会组织都已经形成了各自不同的治理结构和运行机制，而基层党组织建设的制度供给尚未能与之形成有效互动。尽管各地对探索"服务型党组织"付出了很大努力，也取得了一定成效，但由于在党组织与其他组织的关系的界定、行为逻辑的设定和行为方式的程式化等问题上认知不到位，操作不得法，党组织的服务存在表面化、形式化问题，党建工作"两张皮""一般化"现象比较突出，导致党建制度"空转"和人力物力财力的浪费。①介入不充分。基层党组织介入社会既没有改变自身的要素结构，也没有改变客体的运行机制，不能有效实现源于对应客体的新的职能配置，党组织领导和治理的有效性大打折扣。②服务不对路。一些外在性、慈善性服务缺少与组织的内在联系，在利益整合和基层治理上很难有所作为，导致基层党组织化解矛盾和协调关系的能力弱化。③服务主旨未实现。外在性、慈善性服务退化了党组织引导、整合、监督自治组织的功能。一些地方召集村民、居民议事无号召力，组织公益事业没人响应，推动工作靠物质吸引，引发诸多问题。因此，应如何进行"服务型党组织"建设，怎样带动基层党组织走出"发挥作用难"的困境？

2. 正确认识执政性服务与服务型执政

基层党组织提供的不是一般政党或其他组织的服务，而是执政性服务，是融入其中的参与性、建设性、支撑性的服务。"给钱给物，不如建个好支部"，这既是基层对党组织建设的期望，也是党组织服务型执政功能的体现。当今世界，"善治"成为社会治理的主要目标，善于运用公民的参与，重构政党－政府－社会的互动关系，是政党推动社会治理的主要手段。我党为提高党的领导水平和执政水平而选择的主要方式之一就是"服务"，一句话，服务水平就是领导水平和执政水平。党的十八大报告要求全党充分发挥整合和反映利益诉求的核心功能，"以服务群众、做群众工作为主要任务""着力解决人民群众反映强烈的突出问题"，这意味着基层党组织提供的是功能性服务。这是基层和群众迫切需要而其他组织又难以提供的、只有充分发挥执政党的核心功能才能做到的服务。党的十八大报告强调要发挥"推动发展、服务群众、凝聚人心、促进和谐"的作用，带动其他各类基层组织建设，共同强化新形势下基层社会的公共治理。这表明基层党组织提供的不是慈善性服务，而是治理性服务。基层党组织应该肩负起落实党的任务的战斗堡垒职能，在基层治理中起到主心骨作用。根本点在于通过基层党组织的有效服务发挥执政党作用。因此，以服务为导向的党和社会治理制度体系建设将是一个长期的基本任务。

3. 实现基层服务型党组织功能的关键环节

第一，深度融合。

基层党组织要通过融入政权系统、企业体系和社会结构中，把不同利益群体整合在党主导的组织之中，也使自身成为群众表达意愿、实现利益的有效工具。同时，使党的要素融入其他组织的治理机制和运作过程，能为其发展提供足够的动力支撑和治理保障。"基层组织不只是一种外生的领导力量，而且还需要将其组织体系内化到阶级队伍和社会机构中，使党的组织成为工人阶级和广大群众的组织形式，以实现政党组织与社会的空前结合"。① 在当前创新党组织设置方式的诸多探索中，有一种"融入式"服务型党组织在河北、江苏等地取得了初步成效。② 实践中，各地已有"双向进入""交叉任职""应聘入职"等探索，一些行之有效的党员服务点、突击队、攻关组、先锋岗等，都有较好地融入作用。

第二，突出服务重点与核心。

以机关党组织服务功能为例，"服务型"基层党组织建设要牢牢把握服务改革发展、服务社会民生、服务机关党员群众这三个重点。

服务改革发展，就是要围绕经济社会发展和改革开放的大局，推动地方、部门和单位重大工作部署的落实。机关党组织要把保证单位中心工作的完成作为工作的出发点，把影响中心工作的热点、难点、焦点问题作为党的思想工作的重点，通过发挥党员的先锋模范作用和机关党组织的战斗堡垒作用，实现中心目标的达成。机关党组织的教育、管理和监督职责要渗透到具体的行政业务工作中。服务社会民生，就是以面向基层、面向群众，解决群众最现实、最关心的问题为导向，健全服务机制，推进服务工作。可选择重要的民生服务领域，在相关单位的党组织建立民生服务组织；对于重点难点问题，可推出社会服务订单，将处于"三不管"、政策边缘、服务盲区的社会需求整合起来；以机关党组织建设带动其他各类基层组织建设，发挥工会、共青团、妇联等组织在服务民生工作中的作用。③

第三，完善服务载体和服务机制。

服务机制和服务载体平台的建设要关注"突出问题"，抓住"真正问题"。真问题在哪里，载体就"搬"到哪里；解决真问题的关键在哪里，服务抓手就"钳入"到哪里；哪里的问题最重最多最难啃，党支部的堡垒作用就发挥到哪里。真问题要进入党内民主生活制度真研究真讨论，广泛听取党员干部意见，必要时可打破单位界限，相近相邻业务部门的

---

① 彭勃、邵春霞：《组织嵌入与功能调适：执政党基层组织研究》，《上海行政学院学报》2012年第2期，第34～40页。

② 梁一波：《"融入式党建"做活服务文章》，http://theory.people.com.cn/n/2013/1011/c40531-23166513.html，2017年12月20日。

③ 《长春服务民生工作体系得到中组部肯定》，《领导决策信息》2008年第22期，第20～21页。

机关党支部横向组合共同破解难题。一些地方党组织的服务载体模式具有借鉴意义，如珠海市"主题实践活动"类的"听意见、求诤言、问良策"；"做法创新"类的"窗口支部工作法"；"调研、宣传"类的"入户'创文'宣讲活动"；"志愿服务"类的"太阳花志愿服务团队"；还有"虚拟实体平台"模式，"联合、组合服务"模式，"承诺应诺"模式，"典型品牌带动"模式；等等，取得了很好的效果。现实和服务需求的多样性，要求不断创新服务载体和服务机制，避免僵化、教条，成为"面子工程"。

四　结语

基层党组织落实全面从严治党，实现组织功能，需要深刻把握我国新时代的治理逻辑，尤其要时刻把握"以人民为中心"的根本治理逻辑，以新的逻辑理念推动理想信念建设的不断强化；以外部聚集性整合与内生性动力转化推进基层党组织的功能实现；以服务性介入实现基层党组织的制度创建与行为引领。

参考文献

胡锦涛：《坚定不移沿着中国特色社会主义道路前进 为全面建成小康社会而奋斗——在中国共产党第十八次全国代表大会上的报告》，《求是》2012 年第 22 期。

马国钧：《治理现代化拓展了服务型党组织发展空间》，《思想政治教育研究》2015 年第 4 期。

金琪：《"融入式"服务型党组织建设》，《上海党史与党建》2015 年第 3 期。

姬栋玲：《基层服务型党组织建设研究综述》，《山西师大学报》（社会科学版）2014 年第 S2 期。

孙黎海：《基层服务型党组织建设的理论架构》，《理论学刊》2013 年第 8 期。

曲青山：《从严治党的新内涵新要求》，《党史文苑》2017 年第 3 期。

徐迪：《社会治理创新视阈下基层服务型党组织建设研究》，博士学位论文，东北师范大学，2015 年 12 月 1 日。

Research on Methods and Approaches of Ensuring Strict Party Self-Governance at the Primary Level

—The Implementation of Organizational Functions Based on Governance Logic in the New Era

Liu Zhenhuan   Sun Lei

Abstract: To strengthen the functions and roles of primary-level Party organizations is first and foremost a task for ensuring strict Party self-governance at the primary level. In the New Era, "service function" of primary-level Party organizations, which contains resource allocation, social integration and internal rallying, value delivery and common values shaping, is consistent with its "political function". The implementation of strict Party self-governance and its organizational functions requires deepened understanding of the governance logic in the New Era, especially, the fundamental "people-centered" one. To be specific, it requires strengthening the ideas and faith with the new logic, realizing functions of primary-level Party organizations with external integration and internal stimulation, and playing the role of building institutions and regulating behaviors with the Party's service nature.

Keywords: Strict Party Self-governance; Governance Logic; New Era

全面从严治党的基本经验论析[*]

湛风涛[**]

【摘要】 以习近平同志为核心的党中央提出全面从严治党思想，并在实践中积累了管党治党的基本经验，这些经验包括：坚持思想建党和制度治党紧密结合；严明政治纪律和政治规矩，抓住领导干部这个"关键少数"；坚持以人民为中心，密切党同人民群众的血肉联系；坚持党内监督和外部监督相结合；深入推进党风廉政建设，保持反腐败斗争压倒性态势。认真总结并系统学习这些宝贵经验，对于更好地进行具有许多新的历史特点的伟大斗争、推进党的建设新的伟大工程、推动全面从严治党向纵深发展具有重要的现实意义。

【关键词】 习近平　中国共产党　从严治党

习近平总书记在党的十九大报告中指出："中国特色社会主义进入新时代，我们党一定要有新气象新作为。打铁必须自身硬。党要团结带领人民进行伟大斗争、推进伟大事业、实现伟大梦想，必须毫不动摇坚持和完善党的领导，毫不动摇把党建设得更加坚强有力。"[①] 党要管党、从严治党，是中国共产党加强自身建设的一贯要求和根本方针。以习近平同志为核心的党中央创新发展马克思主义建党学说，以敢于直面问题、勇于自我

* 本文为 2017 年度教育部人文社会科学研究青年基金项目"十八大以来全面从严治党的实践与经验研究"的阶段性成果。项目批准号：17YJC710102。
** 湛风涛，法学博士，硕士生导师，北京师范大学珠海分校马克思主义学院副教授，研究方向为马克思主义中国化。
① 习近平：《决胜全面建成小康社会 夺取新时代中国特色社会主义伟大胜利——在中国共产党第十九次全国代表大会上的报告》，《人民日报》2017 年 10 月 28 日，第 1 版。

革命的勇气推进全面从严治党，积累了管党治党的基本经验。认真分析和总结这些经验，对于更好地进行具有许多新的历史特点的伟大斗争、推进党的建设新的伟大工程、推动全面从严治党向纵深发展具有重要的现实意义。

一　坚持思想建党和制度治党紧密结合

坚持思想建党和制度治党紧密结合，是十八大以来中国共产党人依据党所肩负的历史使命、面临的时代主题和基本国情，为解决党的建设存在的突出问题而提出的重大创新举措，是全面从严治党的根本经验。只有坚持思想建党和制度治党紧密结合，充分发挥其内外之功、刚柔之力，才能切实增强管党治党的针对性和实效性，确保党始终走在时代前列。

把思想建设摆在党的建设首要位置是中国共产党的优良传统和政治优势。思想建党，主要是通过加强思想理论教育，使党员不仅在组织上入党，更要从思想上入党，解决好世界观、人生观、价值观这个"总开关"问题。思想建党的重中之重，是加强党员干部的理想信念教育。邓小平曾经指出："为什么我们过去能在非常困难的情况下奋斗出来，战胜千难万险使革命胜利呢？就是因为我们有理想，有马克思主义信念，有共产主义信念。"[1] 坚定理想信念是共产党人安身立命之本，是固本培元、补钙壮骨的基础工程。针对近年来一些党员干部理想信念动摇的问题，我们党坚持多管齐下、多措并举抓好理论武装，引导党员干部坚定理想信念。一是毫不动摇坚持马克思主义指导思想。马克思主义是科学的世界观和方法论，是我们立党立国的根本指导思想。坚持马克思主义，最根本的是掌握马克思主义的立场、观点、方法，领会马克思主义的精髓要义，从根本上提高党员干部的马克思主义思想觉悟和理论水平，筑牢信仰之基、补足精神之钙、把稳思想之舵；二是深入学习习近平新时代中国特色社会主义思想。习近平新时代中国特色社会主义思想是中国特色社会主义理论体系的最新成果，是当代中国马克思主义的最新发展。要深刻领会治国理政新理念新

---

[1] 《邓小平文选》第3卷，人民出版社，1993，第110页。

思想新战略的核心意涵，深刻领会贯穿其中科学的世界观和方法论，努力做到学深悟透；三是认真学习党章党规。党章是党的总章程和根本大法，党规是党员思想和行为的具体遵循。要牢固树立党章党规意识，把党章党规作为坚定理想信念的基本标准，真正做到内化于心、外化于行。

制度问题带有根本性、全局性、稳定性、长期性，铲除党内不良作风和腐败现象根本上要靠制度。习近平总书记认为，党的建设中存在许多问题，都与体制机制和制度不健全有关。制度治党，是法治思维和法治方式在党的建设领域的具体体现和展开，解决的是管党治党规范化、常态化、长效化的问题，是全面从严治党的根本之道。十八大以来，我们党在实践中积累了制度治党的丰富经验，归纳起来主要有：一是树立法规制度观念，强化法规制度意识。通过法规制度教育，引导党员干部牢固树立法治意识、制度意识、纪律意识，形成尊崇制度、遵守制度、捍卫制度的良好氛围；二是健全完善制度，构筑和完善以党章为核心的党内法规制度体系，全方位编密扎紧制度的"笼子"，做到前后衔接、左右联动、上下配套、系统集成；三是狠抓制度执行。坚持制度面前人人平等、遵守制度没有特权、执行制度没有例外，使制度成为硬约束而不是"橡皮筋"。

思想建党，侧重以内促外；制度治党，侧重以外促内。实践证明，管好治好我们这个拥有8900多万党员、在13亿多人口大国执政的党，不靠思想教育不行，仅靠思想教育也不行；不靠制度不行，仅靠制度也不行。只有坚持思想自律和制度他律的有机统一，实现同频共振，全面从严治党才能落到实处。正如习近平总书记指出："从严治党靠教育，也靠制度，二者一柔一刚，要同向发力、同时发力。"① 一方面，要把思想建党的成功经验升华、固化为制度，充分发挥制度的长效作用，巩固思想建党的成果；另一方面，制度的制定和执行要坚持思想教育先行，以增强制度执行的自觉性，确保制度治党的有效性。② 总之，通过思想建党和制度治党，有效确保全党思想统一、步调一致，推动党的事业不断向前发展。

----

① 习近平：《在党的群众路线教育实践活动总结大会上的讲话》，《人民日报》2014年10月9日，第2版。

② 韩冰：《把思想建党和制度治党紧密结合起来》，《人民日报》2015年11月19日，第7版。

二 严明政治纪律和政治规矩，抓住领导
干部这个"关键少数"

严肃认真的党内政治生活、健康洁净的党内政治生态，是中国共产党保持旺盛生机的动力源泉，也是全面从严治党的重要政治基础。十八大以来，党中央把严肃党内政治生活、净化党内政治生态摆在更加突出的位置来抓，党内政治生活和政治生态呈现崭新气象。

严肃党内政治生活、净化党内政治生态，关键是严明政治纪律和政治规矩。党的政治纪律是党组织和党员在政治方向、政治立场、政治言论、政治行动方面必须遵守的刚性约束。党的政治规矩是党在长期实践中形成的政治规则和组织约束，既包括成文的纪律，也包括自我约束的不成文的纪律。马克思在《致恩格斯》一文中曾尖锐地指出："我们现在必须绝对保持党的纪律，否则将一事无成。"① 守纪律讲规矩，是我们党政治智慧的结晶，是提高党的凝聚力和战斗力、巩固党的执政地位的重要保障。针对当下一些党员干部心无组织、目无法纪的现象，我们党着重从以下四个方面要求党员干部遵守政治纪律和政治规矩：一是坚持党的领导，坚决维护以习近平同志为核心的党中央权威。一个国家、一个政党，领导核心至关重要。对于领导核心，邓小平指出："任何一个领导集体都要有一个核心，没有核心的领导是靠不住的。"② 坚决维护以习近平同志为核心的党中央权威，就是要求广大党员干部自觉在政治方向、政治路线、政治立场、政治主张上同以习近平同志为核心的党中央保持一致，不断增强政治意识、大局意识、核心意识、看齐意识；二是维护党的团结统一。党的团结统一是党的力量所在，是党保持强大凝聚力和战斗力的重要保证。维护党的团结统一，要坚持五湖四海、任人唯贤的选人用人标准，团结一切可以团结的力量，最大限度地调动各方面的积极性、主动性、创造性；三是严格执行重大问题请示报告制度。习近平总书记指出："请示报告制度是我们党的

---

① 《马克思恩格斯全集》第 29 卷，人民出版社，1972，第 413 页。
② 《邓小平文选》第 3 卷，第 310 页。

一项重要制度，是执行党的民主集中制的有效工作机制，也是组织纪律的一个重要方面。"① 领导干部要强化组织观念，工作中重大问题和个人有关事项必须按组织程序办理，该请示的请示，该汇报的汇报，决不允许擅作主张、我行我素；四是必须服从组织决定。党员干部要把党性放在第一位，坚决服从组织分配、执行组织决定，决不允许搞非组织活动。

严肃党内政治生活、净化党内政治生态，领导干部这个"关键少数"要以身作则、率先垂范，发挥好示范引领作用。一是领导干部要增强党性意识。要始终把党放在心中最高位置，牢记自己的第一身份是共产党员，第一职责是为党工作，努力做到党性坚强、纪律严明，永远忠诚于党；二是领导干部要自觉抵制特权思想。领导干部要树立正确的权力观、地位观、利益观，秉公用权、依法用权、廉洁用权。要坚持让人民监督权力、让权力在阳光下运行，加强对权力运行的制约和监督，把领导干部权力关进制度的"笼子"里，加大惩处力度，对滥用权者零容忍；三是领导干部要加强学习。要认真学习马克思主义、毛泽东思想、中国特色社会主义理论体系，特别是要认真学习习近平治国理政新理念、新思想、新战略，筑牢拒腐防变的思想防线。要认真学习各方面知识，解决"本领恐慌"问题，不断提高领导能力专业化水平；四是领导干部要严格遵守和执行党内政治生活准则。要旗帜鲜明突出政治性要求，与时俱进体现时代性要求，严肃认真坚持原则性要求，坚决彻底贯彻战斗性要求，带头营造风清气正的党内政治生态，推动全党开创全面从严治党的新局面。

三 坚持以人民为中心，密切党同人民群众的血肉联系

人民群众是社会历史实践的主体，是历史的创造者。这是马克思主义唯物史观的基本观点。"人民，只有人民，才是创造世界历史的动力。"②在革命、建设、改革的伟大实践中，中国共产党始终坚持以人民为中心，把实现好、维护好、发展好最广大人民的根本利益作为一切工作的出发点

---

① 《十八大以来重要文献选编（上）》，中央文献出版社，2014，第767页。
② 《毛泽东选集》第3卷，人民出版社，1991，第1031页。

和落脚点，彰显了人民至上的价值取向。

全面从严治党，密切党群关系、实现人民期待是根本要求。十八大以来，以习近平同志为核心的党中央向人民庄严承诺：人民对美好生活的向往，就是我们的奋斗目标。[①] 充分体现了党情系群众、关心群众的为民情怀，也指明了新的历史条件下党对人民的责任担当。这就要求各级党员干部以人民利益为重、以人民期盼为念，把密切党同人民群众血肉联系的各项规定落到实处。第一，牢固树立宗旨意识。全心全意为人民服务是党的根本宗旨，是党战胜一切困难和风险的根本保证。牢记根本宗旨，要站稳群众立场，增进群众感情。党员干部必须始终坚持马克思主义群众观，做到与人民同呼吸共命运的立场不能变，全心全意为人民服务的宗旨不能忘，人民群众是真正英雄的历史唯物主义观点不能丢，始终把实现人民幸福作为党的最高利益。牢记根本宗旨，要贯彻党的群众路线。群众路线是党的生命线和根本工作路线，是党永葆青春活力和战斗力的重要法宝。坚持群众路线，就是坚持人民主体地位，从最广大人民根本利益出发，优先解决人民群众最关心、最直接的现实问题，用实际行动夯实党执政的政治基础和群众基础；第二，坚决反对"四风"。党风问题关系人心向背和党的生死存亡。形式主义、官僚主义、享乐主义和奢侈之风，严重违背党的性质和宗旨，割断了党和人民群众的血肉联系，是横在党和人民群众之间的一堵墙。反对"四风"，要抓住要害、突出重点。党的十八届六中全会通过的《关于新形势下党内政治生活的若干准则》指出：反对形式主义，重在解决作风漂浮、工作不实，文山会海、表面文章，贪图虚名、弄虚作假等问题。反对官僚主义，重在解决脱离实际、脱离群众，消极应付、推诿扯皮，作风霸道、迷恋特权等问题。反对享乐主义，重在解决追名逐利、贪图享受，讲究排场、玩物丧志等问题。反对奢靡之风，重在解决铺张浪费、挥霍无度，骄奢淫逸、腐化堕落等问题。[②] 只有解决这些群众深恶痛绝、反映最强烈的重点问题，才能取信于民、赢得民心。反对"四风"，要把落实中央八项规定精神常态化、长效化，坚持抓常、抓细、抓

① 《习近平谈治国理政》，外文出版社，2014，第 4 页。
② 《关于新形势下党内政治生活的若干准则》，《人民日报》2016 年 11 月 3 日，第 5 版。

长，要充分估计"四风"的顽固性、反复性、变异性，坚持高压态势、露头就打。要持续开展思想道德教育，大力弘扬社会主义核心价值观、党的优良传统和作风、中华民族优秀传统文化，努力做到标本兼治；第三，要深入群众，提高做群众工作的本领。保持党同人民群众的血肉联系，基本途径是深入群众开展调查研究，打破党群干群之间的"离心墙"。要着重发挥基层党组织的政治功能和服务功能，鼓励党员干部深入实际、深入基层，把群众的难点、痛点作为工作的切入点，与群众面对面交流，千方百计为群众排忧解难。要不断提高做群众工作的能力。基层党组织和党员干部要顺应时代变化、社会变迁，把握群众的新诉求、新期待，不断提高做思想政治工作的能力、组织动员群众的能力、了解社情民意的能力，把执政本领的提高深深扎根于群众工作的沃土中，千方百计把群众的事情做细做实。

四　坚持党内监督和外部监督相结合

监督，就是对某一特定环节、过程进行监管、督促，使其结果能达到预定的目标。在党的建设过程中，我们党走出了一条通过党内监督和外部监督相结合的方式来管党治党的路子。在党的八大上，邓小平就指出："我们需要实行党的内部的监督，也需要来自人民群众和党外人士对于我们党的组织和党员的监督。"① 实践证明，党内监督和外部监督是党在长期执政条件下经受考验、化解危机的重要手段，对于保证党组织发挥核心作用和党员发挥先锋模范作用具有重要意义。

党内监督，就是党的各级组织、专门机关和全体党员按照党章和国家法律对党员和党员干部，特别是各级领导干部的行为进行的监察和督促。党内监督具有纠错正偏、预防惩戒、约束制衡、指引促进等功能，对保证党的肌体健康具有重要作用。十八大以来，着眼于党内监督意识不强、制度缺失等突出问题，党对强化党内监督提出一系列新举措新要求。一是增强监督意识。各级党组织和广大党员干部要切实增强监督意识，把严格监

---

① 《邓小平文选》第1卷，第215页。

督变成思想自觉、变成党性观念、变成纪律要求、变成实际行动；二是落实监督制度。监督最重要的是靠制度，党相继规定了巡视巡察、组织生活、党内谈话、考察考核、述责述廉、个人有关事项报告、插手干预重大事项记录等监督制度，并保证严格执行党内监督各项制度；三是用好监督武器。巡视和派驻是党内监督的两大武器。巡视监督聚焦党风廉政建设和反腐败斗争，聚焦坚持党的领导、加强党的建设、全面从严治党，充分发挥了"利剑"作用。派驻监督主要是加强派驻机构对所驻部门特别是领导班子成员的监督，有效发挥了"前哨"作用；四是落实主体责任。党委（党组）在党内监督中负主体责任。各级党委（党组）领导本地区本部门本单位党内监督工作，组织实施各项监督制度。

除了加强党的自身监督外，还需要外部监督的补充和完善。外部监督主要是党外相关部门、民主党派和人民群众的监督，是我们党自觉引进和接受的一种外部审视、外力鞭策。抗战胜利前夕，毛泽东回答民主人士黄炎培"其兴也勃焉，其亡也忽焉"的历史周期律时说，"只有让人民来监督政府，政府才不敢松懈。只有人人起来负责，才不会人亡政息"①。外部监督是党始终做到立党为公、执政为民的重要保证，是人民行使当家做主权利的重要形式。党着重从以下方面做好外部监督工作：一是支持党外相关部门监督。人大、政府、监察机关、司法机关、审计机关是行使国家权力的重要部门，政协是参政议政的重要机构，要确保其对国家机关和公职人员进行依法监督和民主监督；二是重视民主党派监督。民主监督是民主党派的基本职能之一，要重视民主党派和无党派人士提出的意见和批评，完善知情、沟通、反馈等相关制度和运行机制；三是接受人民群众监督。鼓励人民群众通过党务、政务公开、举报热线、电视问政、互联网等方式参与、监督、评判管党治党和党的建设工作。

党内监督和外部监督是相互促进、相辅相成的。推动党内监督和外部监督有机结合，各级党组织和党员干部要转变理念，增强自觉接受监督意识，养成在党组织和人民群众监督之下工作、生活的习惯。通过设置举报

① 黄炎培：《"只有让人民来监督政府，政府才不敢松懈"——1945 年 7 月毛泽东与我的第一次谈话》，《同舟共进》2000 年第 7 期。

专区、开设廉政留言板、微信公众平台、远程视频接访等方式，促进党内监督和外部监督有机融合、精准高效。广泛发动人民群众，推动形成人人要监督、人人愿监督、人人敢监督的良好氛围。

五　深入推进党风廉政建设，保持反腐败斗争压倒性态势

加强党风廉政建设和反腐败斗争，是中国共产党的政治本色，是我们党必须抓紧抓好的一项重大政治任务。从诞生之日起，我们党就一直坚守清正廉洁的政治品格。方志敏在《清贫》中说："清贫，洁白朴素的生活，正是我们革命者能够战胜许多困难的地方！"① 在利益多元化的今天，能否有效遏制腐败，建设廉洁政治，关系到人心向背和党的生死存亡，关系到"两个一百年"奋斗目标和中华民族伟大复兴"中国梦"能否顺利实现。只有旗帜鲜明地深入推进党风廉政建设，保持反腐败斗争压倒性态势，才能获得最广泛、最牢固的群众基础和力量源泉。

十八大以来，面对严峻复杂的反腐败形势，以习近平同志为核心的党中央把作风建设作为全面从严治党的切入点和突破口，把保持清正廉洁、建设廉洁政治作为党的建设的生命工程，"打虎""拍蝇""猎狐"同时进行，"以猛药去疴、重典治乱的决心，以刮骨疗毒、壮士断腕的勇气，坚决把党风廉政建设和反腐败斗争进行到底"，② 积累了许多正风反腐的有益经验。一是坚持高标准和守底线相统一。高标准和守底线，是给广大党员干部划定的两条关键线。高标准是共产党人坚定理想信念的精神高线，守底线是党员干部恪守党纪国法的纪律底线。坚持高标准和守底线相统一，一方面要抓好思想理论建设、抓好党性教育和党性修养、抓好道德建设，教育引导广大党员干部要树立共产主义远大理想和中国特色社会主义共同理想，树立正确的世界观、人生观、价值观，回答好"为了谁、依靠谁、我是谁"这个根本问题。另一方面，要严守行为底线，教育引导广大党员干部以党的纪律为尺子，守住做人、处事、用权的底线，守住党和人民交

---

① 《方志敏全集》，人民出版社，2012。

② 《习近平谈治国理政》，第394页。

给的政治责任，使党员干部知敬畏、存戒惧；二是坚持抓惩治和抓责任相统一。坚定不移惩治腐败，是中国共产党有力量的表现，也是全党和人民群众的共同愿望。习近平总书记指出："不论什么人，不论其职务多高，只要触犯了党纪国法，都要受到严肃追究和严厉惩处，绝不是一句空话。"①抓惩治，就是要保持反腐败高压态势，坚决查处发生在领导干部中的滥用职权、贪污贿赂、腐化堕落、失职渎职案件，着力解决发生在基层和群众身边的腐败问题，做到有案必查、有腐必惩。抓责任，就是落实主体责任和监督责任，对失职失责行为严肃问责，督促党的各级组织和领导干部强化责任担当；三是坚持查找问题和深化改革相统一。查找问题，就是要从问题入手，对存在的问题不回避、不推脱，敢于正视问题、善于发现问题、勇于解决问题。我们党在正风反腐的过程中把查找和解决突出问题摆在重要位置，以反"四风"为突破口，对群众反映强烈的共性问题、"四风"种种变异问题以及顶风违纪现象，抽丝剥茧，查找根源，严肃责任追究，加大查处力度。深化改革就是要以"敢为天下先"的勇气，从纷繁复杂的问题中把握内在规律，大胆探索，勇于突破。党中央本着破立并举的原则，着力推进反腐败体制机制创新，改革党的纪律检查体制，加强反腐败工作体制机制创新，完善纪委派驻机构统一管理，改进中央和省区市巡视制度，强化对权力的制约和监督，确保公权力始终为公；四是坚持选人用人和严格管理相统一。坚持正确选人用人导向，是深入推进党风廉政建设和反腐败斗争的组织保障。我们党深入推进干部人事制度改革，坚持"信念坚定、为民服务、勤政务实、敢于担当、清正廉洁"的好干部标准，严格选拔任用工作程序。好干部是"选"出来的，更是"管"出来的。要加强对干部的管理监督。从严管理干部，就是"要坚定理想信念，加强道德养成，规范权力行使，培育优良作风，使各级干部自觉履行党章赋予的各项职责，严格按照党的原则和规矩办事，"②使干部心有所畏、言有所戒、行有所止，形成优者上、庸者下、劣者汰的良性局面，打造忠诚、干净、担当的执政骨干队伍。

---

① 《十八大以来重要文献选编》（上），中央文献出版社，2014，第135页。

② 习近平：《在党的群众路线教育实践活动总结大会上的讲话》，《人民日报》2014年10月9日，第2版。

An Analysis of Basic Experience in Exercising
Full and Strict Party Self-Governance

Zhan Fengtao

Abstract：The CPC Central Committee with Xi Jinping as the core launched a campaign to ensure full and strict governance over the Party and accumulated basic experience in Party management and governance which include： a close combination of ideological work and institution building, a strict political discipline and rules with which to oversee the "key few" -leading officials, a people-centered commitment with which to maintain its close ties with the people, a combination of internal oversight and external oversight, a strict practice of building a clean Party with which to secure a sweeping victory in the fight against corruption. The valuable experience that requires a systematical study is of great practical significance for better carrying out the great struggle with new contemporary features and the great new project of Party building.

Keywords：Xi Jinping; Communist Party of China; Strict Party Self-Governance

中国社会主要矛盾转变的社会学分析

陶林涛*

【摘要】党的十九大报告提出一个重要论断："中国特色社会主义进入新时代，我国社会主要矛盾已经转化为人民日益增长的美好生活需要和不平衡不充分的发展之间的矛盾。"面对这一全新论断，到底该如何解释，学术界存在各种不同的认知。从社会学学科角度入手，本文通过功能主义、冲突论、互动论三种理论视角分析认为，我国社会主要矛盾定义的转变具有必然性，是一次重大进步；社会进步（物质基础）、理念创新（政治基础）以及民众需要（阶级基础）、文化繁荣（文化基础）是促成社会主要矛盾转变的根源；明确认识社会主要矛盾发生的转变，对我国社会发展具有特殊而重大的意义。

【关键词】社会主要矛盾　社会学　功能主义　冲突论　互动论

2017 年 10 月 18 日，中国共产党的第十九次代表大会在北京召开，习近平总书记在《决胜全面建成小康社会 夺取新时代中国特色社会主义伟大胜利》的报告中提出一个全新的论断："中国特色社会主义进入新时代，我国社会主要矛盾已经转化为人民日益增长的美好生活需要和不平衡不充分的发展之间的矛盾。"[①] 该论断立刻引发社会各界的热烈讨论，并迅速成为学术界研究的热点。

从党的十三大"人民日益增长的物质文化需要同落后的社会生产之间

---

*　陶林涛，北京理工大学珠海学院讲师，主要研究方向为社会政策和社会发展。

①　习近平：《决胜全面建成小康社会 夺取新时代中国特色社会主义伟大胜利》，《人民日报》2017 年 10 月 28 日，第 1 版。

的矛盾是社会主义初级阶段的主要矛盾”到十九大“我国社会主要矛盾已经转化为人民日益增长的美好生活需要和不平衡不充分的发展之间的矛盾”，我们到底该如何理解、诠释这两个论断的变化？本文尝试从社会学学科角度入手，通过社会学的功能主义、冲突论、互动论三种理论视角，对影响我国社会主要矛盾转变的因素进行学理化探索和分析。

一　从功能主义的视角看我国社会主要矛盾的转变

功能主义是社会学中最主流的理论视角，强调整体把控和分析社会问题，宏观色彩突出。

功能主义把社会看成是一个整体，认为社会有很强的自我整合能力，能够基于需求自动把社会各个部分按照功能整合成整体。社会矛盾的产生往往是社会结构失调、整合出错的产物，是社会部分功能失效的结果，通常与社会快速变迁或剧烈变革、社会整合出错、社会功效失调有关。功能主义认为，解决的方法一类是重新整合；一类是创新结构和功能。从功能主义角度看我国社会主要矛盾的转变，我们可通过以下问题进行思考：什么变化导致我国社会主要矛盾发生转变？原有定义的社会主要矛盾出现哪些不适？新定义的社会主要矛盾与原定义的社会主要矛盾相比有哪些优势？我国社会主要矛盾转变的意义是什么？将面临什么问题？

从上述问题出发，笔者认为：

（一）生产发展、科技进步、执政理念的创新共同导致了社会主要矛盾转变

1. 生产力快速发展是社会主要矛盾转变的物质基础

长期坚持以经济建设为中心为我国带来了巨大的物质财富，中国人民逐步实现了从温饱到小康，进而走向全面小康的历史性跨越阶段。在新的历史时期，社会的物质基础已经发生了变化，三十年前为解决温饱而定义的社会主要矛盾已经不适应现实，必须重新界定。

2. 科技飞速进步是我国社会主要矛盾转变的客观条件

随着现代科技尤其是信息、通信技术的高速发展，一方面社会联系日益紧密，社会协作日益增加，另一方面社会不均衡、不充分发展带来的负面功能日益明显。传统的发展模式已经受到越来越多的质疑。在新时代，要实现国家民族的复兴，必须更好地利用科技创新、更好地激发人民群众的创造力、更好地平衡和协调各方面的发展。原来的社会主要矛盾已经发生了变化。

3. 党的执政理念与目标的变化是社会主要矛盾转变的主观条件

中国共产党作为中国社会主义建设的领导核心，肩负着国家民族复兴的重任。从全面小康到全面现代化，从以经济建设为中心到全面协调可持续发展，从西部大开发到乡村振兴，从生活富足到幸福美好生活等，这些新目标的实现要求党必须转变发展思路。因此，随着目标理念的变化，党工作的重心和主要任务也必然会发生变化，社会主要矛盾也必然随之发生变化。

（二）旧的社会主要矛盾已无法解决新时代的社会问题

1. 旧矛盾无法解决新时代的现实难题

在新时期，东西部地区差距扩大、城乡矛盾尖锐、贫富差距拉大、环境问题突出等诸多问题不断涌现。这些问题都和原有的社会主要矛盾的缺陷密切相关，而且单纯地靠发展生产、提升物质文化需要无法解决。面对发展红利越来越难以惠及整个社会；利益分配不合理导致贫富差距不断扩大；经济、政治、文化、社会、生态等发展严重不协调等现象，"人民日益增长的物质文化需要同落后的社会生产之间的矛盾"几乎无法作为。因此，原来的社会主要矛盾被淘汰是不可避免的。

2. 旧矛盾无法满足新时代人民群众的现实需求

当今社会，人民群众的需求开始日益高级化、多元化、个性化，从单纯的物质文化需求扩展为尊重需求、社交需求、环境需求、自我实现需求等多方面多层次需求。而且，在我国东部发达地区，很多民众已经达到或者实现物质富裕，物质文化需要已经不是问题。他们期待更高层次的满足，更多样的选择，更个性化的服务。时代进步了，社会需求已经发生变化，社会矛盾也必然发生变化。

3. 旧矛盾的负面功能在新时代尤为突出

"人民日益增长的物质文化需要同落后的社会生产之间的矛盾"是我国改革开放初期提出的社会主要矛盾，是基于当时社会发展极度落后的现实而提出来的。该矛盾在当时特定的历史条件下肯定是合理的，但是到了新时代，尤其是发展不平衡已经成为严重社会问题的今天，该矛盾负面作用十分明显，必须提出新的社会主要矛盾来取而代之。

（三）"人民日益增长的美好生活需要和不平衡不充分的发展之间的矛盾"更符合时代发展规律

1. 新的社会主要矛盾更符合时代的特征

在过去三十年的发展中，从经济、政治、文化三位一体发展到"经济、政治、文化、社会、生态"五位一体，从"发展是硬道理"到"全面协调可持续发展"，从吃饱穿暖到追求幸福生活，我国社会已经进入到全新的时代。我国将于 2020 年全面建成小康社会，下一步将逐渐实现全面富裕和民族复兴。人民群众的幸福、国家的富裕、民族的复兴等目标提出了更新更高的标准。"人民日益增长的美好生活需要和不平衡不充分的发展之间的矛盾"正切合时代的需要、人民的心声，是社会主要矛盾与时俱进的体现。

2. 新的社会主要矛盾有利于实现美好生活

当今社会，人民群众的生活需求日益高级化、多元化、个性化，美好生活不是单纯追求经济富足，而是追求全面进步。新的社会主要矛盾为民众追求幸福生活提供了可能。

3. 新的社会主要矛盾有助于实现均衡充分发展

当前我国社会的问题大多和发展不平衡、不充分有关，而均衡充分发展能够极大地促进社会公平正义、促进社会各部分协调发展、促进人与自然和谐共处，对于我国社会进步有重大的积极意义。

（四）社会主要矛盾转变是社会模式的全面转变，意义重大

社会主要矛盾的转变必然带来社会焦点的变化。从关注"物质文化需要"转变为关注"美好生活需要",从着重改变"落后的生产"转变为着重改变"不平衡不充分的发展",这种转变将改变经济优先的发展模式,改变效率优先的分配模式,改变物质第一的思维模式。社会主要矛盾转变将为我国社会均衡发展、人民幸福生活、社会持续进步、国家民族复兴做出重大贡献。

(五) 社会主要矛盾转变面临贯彻落实的难题

中国是一个大国,各种差异十分突出。东西部地区之间、城乡之间、少数民族和汉族之间、贫富群体之间一直长期存在显著差异,原因多种多样,不是一朝一夕可以改变的。此外,不同社会群体、不同地方政府、不同社会环境对社会主要矛盾转变的认知也会不同。因此,社会主要矛盾虽然转变了,但是要真正贯彻落实并不容易。社会主要矛盾转变要落实成切实的行动,转化成具体的政策,转变成各级政府的工作中心,汇聚成为社会舆论的主基调,并不是一个简单的任务。我国社会主要矛盾的转变不是短期的权宜之计,而是长期的社会现实,必须做好打持久战的准备。

二 从冲突论的视角看我国社会主要矛盾的转变

冲突论是社会学中较激进的理论视角,擅长透过现象看本质,发掘表象背后的内在逻辑和内在根源,比较适合中观分析。

在冲突论中,社会矛盾被看成是社会发展必不可少的环节,是社会冲突、社会变迁的根源,往往和利益、权力、阶层(阶级)等方面密切相关。冲突论认为社会矛盾是社会发展不平衡、经济利益分配不均、社会权力失衡的产物。需要从阶层(阶级)立场出发,从权力、利益角度解释社会矛盾[①]。从冲突论,尤其是马克思主义冲突论流派的角度看我国社会主要矛盾的转变,我们可从以下问题思考:社会主要矛盾转变的根源是什么?社会主要矛盾转变会造成什么样的影响?社会主要矛盾转变对社会结

---

① 戴维·波普诺:《社会学》(第 11 版),李强译,中国人民大学出版社,2007,第 18～19、110～111 页。

构影响如何？社会主要矛盾转变的内在规律是什么？

从上述问题出发，笔者认为：

（一）社会利益分配不公、社会阶层流动受阻、社会权力异化（腐败）是我国社会主要矛盾转变的根源

1. 利益分配不公导致社会变革

经济利益是社会的核心问题，一切人类社会活动归根结底是经济利益的反映，我国当前的社会问题大多和经济利益密切相关。自改革开放以来，我国坚持市场经济政策，强调效率优先兼顾公平，坚持经济优先发展，在带来巨大进步的同时，也带来了各种严重的分配不公。由于长期以来的分配制度存在明显缺陷，再加上市场经济"马太效应"的催化作用，我国社会不平衡不充分发展的问题已经十分突出。在新时代，利益分配问题直接关系我国民族复兴的"中国梦"。因此，必须改变不公平的利益分配模式。

2. 社会阶层流动受阻呼唤社会变革

社会学理论普遍从权力、地位、声望三个维度对社会群体进行阶层划分，用阶层来描述社会群体的显著差异。一般认为，社会阶层与财富、权力、地位、声望密切相关，是后天的，是可以改变的。一个社会越合理，人们改变自己的阶层就越容易；一个社会越不合理，人们改变社会阶层就越困难，尤其是向上流动。一般认为我国还没有到"阶层固化"阶段，即社会阶层流动尤其是向上流动无法实现的状况，但社会阶层流动越来越难也是不争的事实。随着资本日益强势，底层群体向上流动的通道不断缩窄，难度系数成倍增长。富豪王建林无意间的一句话"先定一个小目标，挣它一个亿"迅速走红网络；"土豪""富二代""屌丝"等网络语言迅速走进日常生活；"辛苦奋斗十来年，不如购买一套房"类似的社会现象不断涌现，这些都说明社会阶层流动越来越难。在经济飞速发展的今天，拥有原始资本越多的人优势越发明显，不少年轻人和无产者则在社会现实面前失去了梦想和勇气。要促进社会阶层合理流动必须进行变革。

3. 社会权力出现异化需要社会变革

权力是冲突论关注的核心问题，一般认为权力是经济基础的反映，是经济占优势地位的群体为保护自身利益而做出的制度安排①。因此，在权力结构中，经济强势群体往往是强权集团，经济弱势群体往往是无权集团。我国是社会主义国家，人民是国家的主人，我国的权力结构和一般社会的权力结构有所不同。在很长时间内，我国经济弱势群体权力并不弱势。随着改革开放，尤其是市场经济模式的建立，经济强势群体优势日益明显。尤其是国家基于发展的需要对经济强势群体进行大力扶持，我国的权力结构也开始改变。经济强势群体逐步成为权力强势群体，经济弱势群体权力日益衰落。随着滥用权力、腐败、以权谋私等行为不断出现，弱势群体愈加弱势，利益受损日益严重，而富裕群体的社会地位和社会权力则不断提升，贫富群体之间社会矛盾日益尖锐。普通民众尤其是底层民众对政府权力异化（腐败）的不满情绪日益强烈，遏制当前社会权力异化问题已经成为新时期政府施政的重点。

4. 我国社会主要矛盾的转变是对社会利益、社会阶层、社会权力等方面问题的回应

在新的历史时期，解决我国的社会利益分配不公、社会阶层流动受阻、社会权力异化（腐败）等问题已经成为党和国家工作的核心。习近平总书记上台以来的全面反腐、从严治党、精准扶贫、供给侧改革等一系列政策都着眼于此。"人民日益增长的美好生活需要和不平衡不充分的发展之间的矛盾"极具针对性。要改变当前"不平衡不充分的发展"问题，必须调整利益分配模式，促进社会阶层流动，保证政府权力的合理运用。要实现"美好生活"，也必须改善利益分配格局，促进社会阶层流动，遏制腐败。因此，社会主要矛盾的转变是有的放矢的。

（二）社会主要矛盾的转变将促进社会分配的公正化、社会阶层流动合理化，有利于增进民众幸福

1. 社会主要矛盾转变将促进社会均衡发展

新的社会主要矛盾强调"不平衡不充分的发展"问题，因此政府必将出台大量的政策和措施来改变当前不平衡不充分的发展格局。农村地区、

---

① 戴维·波普诺：《社会学》（第11版），第18~19、110~111页。

西部地区、广大弱势群体作为不平衡不充分发展的受害者将会得到重点帮扶。以前被忽略的生态建设、制度建设、文化建设等也将加快建设步伐，成为工作的重要环节。我国也将逐步实现平衡充分发展。

2. 社会主要矛盾转变将促进公正分配和合理流动

随着"不平衡不充分的发展"问题的逐步解决，分配不公将得到极大的改善，分配制度将日益公平公正。东西部地区之间、城乡之间、贫富群体之间的资源流动将在政策的支持下不断加速，而各种资源的快速流动必然会带来社会阶层流动的加速，会使得阶层流动日益合理。因此，社会必将出现分配格局公正化、流动格局合理化的大好局面。

3. 社会主要矛盾转变有利于提升民众生活质量

新的社会主要矛盾强调"日益增长的美好生活需要"，要实现美好生活，必须对民众的需求进行合理规划：保障基本需求，满足合理需求，扩展发展性需求，遏制不合理需求。对于基本需求，将一视同仁，做到人人享有，生活无忧；对于合理需求，要因地制宜，尽量满足民众多元化、个性化的需求；还要大力提升民众的发展性需求，让民众生活方式更加多彩，生活品质更高雅，生活感受更幸福；对于不合理需求，应该坚决打击和遏制，尤其是不良的生活方式和生活品位，要坚决批判和抵制，为民众美好生活助力。

（三）社会主要矛盾转变将使社会主体中产化、社会权力法治化，有利于社会长治久安

1. 社会主要矛盾转变将带来社会阶层中产化

随着社会主要矛盾的转变，"不平衡不充分的发展"问题将逐步得到解决，东西部地区之间、城乡之间、贫富群体之间的差距也将不断缩小，越来越多的底层民众将跻身中产行列，人民的收入将逐步均等化，社会也将中产化，即中产阶级将成为社会的绝对主体。与此同时，对富裕群体进行适当的限制也将成为必然趋势，这将进一步提高中产阶级的社会认同和社会地位。学术界普遍认为这样的社会结构最稳定，也最合理，也符合我国共同富裕的初衷。

2. 社会阶层中产化将使得社会权力法治化

随着社会阶层中产化，社会差异将得到合理遏制，民众的社会认同和社会满意度将不断提升。中产阶级作为社会的绝对主体，其权力在民主社会中将不断得到强化，话语权和决策权将不断提升。而要维护稳定的局面，合理调节不同阶层的利益、合理制约社会权力，必须依靠法治。因此，社会权力的法治化将是必然趋势。

3. 社会主要矛盾转变将有利于社会的长治久安

随着社会主要矛盾的转变，利益分配会更公平，民众将更幸福，社会将更和谐；阶层更合理、社会更稳定、社会更包容；权力更法治、社会更现代、决策更科学。这一切都将促进社会的长治久安。

（四）社会主要矛盾转变的经济基础、社会基础、政治基础、文化基础都已具备

1. 社会"不平衡不充分的发展"是社会主要矛盾转变的经济基础

新时代，我国经济面临的主要问题不再是物质匮乏，而是经济发展惠及的地区、人群、行业等存在严重偏差，即"不平衡不充分的发展"问题。经济问题是经济基础的直接体现，经济问题的变化预示着社会主要矛盾的转变。在经济发展严重不平衡不充分的今天，社会主要矛盾转变已经具备经济基础。而且，国家要重点照顾西部地区、农村地区、弱势群体；要放弃利益导向机制，强调公平优先；要强调五位一体全面进步等政策的实行依赖于社会主要矛盾的转变。

2. 民众对"美好生活"的诉求是社会主要矛盾转变的社会基础

新时代，人民群众的需求正在发生深刻变化。从最初的吃饱穿暖到生活富裕，从生活有盼头到生活更幸福，从"物质文化需要"到"美好生活需要"，人民群众对生活的需求正在不断提升。美好生活需要是偏精神性的需求，是在物质需求基本满足条件下的更高追求，是在生活水平达到较高程度的国家中人民才有的需求。而我国社会长期高速发展和社会主义制度的优越性，使得美好生活离人民群众越来越近，不再是遥不可及的梦想，而是现实的需求。正如习近平总书记说的，"我们的人民热爱生活，期盼有更好的教育、更稳定的工作、更满意的收入……期盼孩子们能成长得更好、工作得更好、生活得更好。人民对美好生活的向往，

就是我们的奋斗目标。"① 追求更美好更幸福的生活已经成为新时代社会各界的共同心声，亟须政府给予回应。因此"美好生活需要"是社会主要矛盾转变的社会基础。

3. 中国共产党的使命感和责任感是社会主要矛盾转变的政治基础

中国共产党是坚持"全心全意为人民服务"的政党。新时期，底层民众对贫富差距、地区差异强烈不满，普通民众对于阶层流动、利益分配格局提出质疑，富裕阶层对社会环境恶化、权力结构固化诸多抱怨。不同群体，利益不同，关注点不同，诉求也不同，但他们的诉求都应该得到回应。社会主要矛盾的转变就是党对人民群众诉求的回应，也是中国共产党责任和使命的体现。在中国共产党这样一个"立党为公，执政为民"的政党的领导下，社会主要矛盾转变的政治基础已经具备。

4. 思想文化大繁荣是社会主要矛盾转变的文化基础

新时代，中国社会已经呈现思想日趋多元、文化日益繁荣的良好局面。不同阶层需求都有表达的渠道，不同群体才华都有展示的空间，不同人群的个性都有张扬的机会。正如习近平总书记说的"让每个人都有人生出彩的机会"。很显然，思想文化大繁荣为满足不同群体的社会需求提供了有利的社会舆论环境，也为我国社会主要矛盾的转变奠定了文化基础。

三　从互动论角度看我国社会主要矛盾的转变

互动论是社会学中的微观理论视角，擅长从微观互动中寻找社会运作的普遍规律。

从互动论来看，社会最核心的是社会共识，社会能够进行各种互动依赖于各类社会共识，一旦社会共识被打破、被颠覆，或者社会共识的传承出现问题，人们的普遍认知就会混乱，就容易互动不畅，导致社会矛盾。因此，要解决社会矛盾，要么通过各种手段和方法维护原有的社会共识，惩罚破坏共识的个人或者组织；要么抛弃旧共识，建立新共识②。用互动

---

① 习近平：《人民对美好生活的向往就是我们的奋斗目标》，http://www.ccdi.gov.cn/special/19da/lcddh_19da/18da_19da/201710/t20171013_108981.html，2017 年 12 月 20 日。

② 戴维·波普诺：《社会学》（第 11 版），第 19～20、115～138 页。

论来分析我国社会主要矛盾的转变，我们可以思考以下问题：什么因素破坏了社会共识、社会为什么不阻止这种破坏行动？新旧共识哪种更符合社会发展趋势？新社会共识面临的挑战是什么？强化社会共识的措施有哪些？

通过对上述问题的思考分析，笔者认为：

（一）原来的社会主要矛盾无力迎接新时代的挑战是社会矛盾转变的根源

新时代，传统发展模式的缺陷不断暴露，发展的成果越来越难惠及普通群体，该共识开始面临挑战。"城市像欧洲，农村像非洲；东部像发达国家，西部是发展中国家""中国的贫富差距已经到达惊人的地步""我国社会主要矛盾存在严重悖论"……民间、学术界的质疑在新时代不断涌现，使得原来的共识受到挑战。面对质疑，政府没有选择故步自封，而是与时俱进、大胆创新。"科学发展观""和谐社会"相继提出，"生态文明"备受重视，这些都从根本上动摇了旧的社会共识。"人民日益增长的物质文化需要同落后的社会生产之间的矛盾"这一提法已经难以为继，终于在党的十九大上被新的社会主要矛盾取代。

（二）社会主要矛盾的转变是对原有发展模式的改进和创新

"人民日益增长的美好生活需要和不平衡不充分的发展之间的矛盾"取代"人民日益增长的物质文化需要同落后的社会生产之间的矛盾"是"科学发展观"的延续，是一种进步和创新。2003 年，"科学发展观"诞生，强调全面、协调、可持续发展的新模式。传统以经济效益（GDP）为核心的发展模式开始遭受全面挑战。经过十几年的激烈交锋，新模式逐渐占据上风，逐渐成为社会的新共识。在"科学发展观"的引领下，习近平总书记大胆创新，提出了新的社会主要矛盾。"美好生活需要"的提法更切合人民群众的希望，更容易获得民众的认可；"不平衡不充分的发展"与社会现实问题更加切合，更容易引起民众的共鸣；长期片面发展带来的各种社会问题更是让民众对社会主要矛盾转变带来的变化充满期待。

（三）新的社会主要矛盾将受传统思维掣肘、受既得利益集团阻挠，社会主要矛盾转变是场持久战

社会主要矛盾的转变带来了社会共识的变化，而社会共识的转变往往不是一朝一夕可以实现的。社会共识作为一种思想观念，具有极强的相对独立性，不是轻易能够改变的。旧的社会共识虽然被打击、批判，被党和国家抛弃，但是其存在的土壤不会立刻消失，社会中的既得利益群体并不会轻易放弃，定会极力阻挠。经济发展重要还是环境保护重要，效率优先合理还是公平优先合理，加快城镇化要紧还是振兴乡村要紧，维护资本权益重要还是保障员工权益重要等一系列问题依然会争议不断。效率和公平、经济和非经济、城市和农村、弱势群体和富裕阶层等方面的关系如何处理依然很难解答。在中国这样一个人口众多、幅员辽阔的国家，在各地存在巨大差异的背景下，在思想日趋多元的今天，达成新的社会共识绝不是一朝一夕能完成的任务。

（四）新社会主要矛盾的解决需要完善的制度保障

1. 必须改变传统功利的发展理念

要想改变"不平衡不充分的发展"状况，必须重点扶持西部地区、农村地区、弱势群体，注重科学发展。由于先天条件限制，落后地区发展的速度不会快，建设的成效也不显著，不是一朝一夕就能实现的。因此，不能指望快速成功或短期出成果，必须立足长远，立足未来，本着"前人栽树后人乘凉"的想法去建设。

2. 必须树立质量优先的发展理念

我国在很长时间内都过于着迷发展速度，不太注重发展质量。要实现高质量的发展，必须抛弃过去那种速度第一的发展理念，树立质量第一的发展理念。

3. 必须建立科学合理的导向机制

科学合理的导向机制对社会共识的建立有积极的促进作用。从权力角度来看，国家要把均衡发展和美好生活当成政绩评价的核心指标，各级地方政府必须严格执行。从社会舆论来看，社会媒体应该发挥积极的舆论导

向作用，宣扬正能量，宣扬主流价值，宣扬促进社会进步的思想，坚决抵制错误思想。

4. 积极引导民众参与解决社会主要矛盾

人民群众是历史的创造者，中国共产党一直都强调"群众路线"。民众的认可将提高政府施政的效率，民众的实践能提供各种现实经验，民众的创新将发挥决定性作用，民众的幸福程度也将成为评价尺度。社会主要矛盾的解决离不开人民群众。

5. 建立合理的惩戒机制

在社会的实践中，一定会出现一些不和谐的行为。政府必须有明确的制度安排来约束各种违规行为。对于社会上的各种声音应该科学分析，合理应对。人民内部矛盾当然是批判教育，敌我矛盾必须坚决回击。

四 三种理论视角分析获得的共同结论

功能、冲突、互动是社会学中最主流的三种理论视角，分别从宏观、中观、微观三个层面对我国社会主要矛盾转变做出系统分析，我们可以发现以下共同的结论：

（1）我国社会主要矛盾转变具有历史必然性，是一种进步和创新。

（2）"人民日益增长的美好生活需要和不平衡不充分的发展之间的矛盾"这一论断的提出是基于发展的需要、现实的需要、人民的需要，优于原定义的社会主要矛盾。

（3）社会进步（物质基础）、理念创新（政治基础）、民众需要（社会基础）、文化繁荣（文化基础）在我国社会主要矛盾的转变过程中发挥着关键的作用。

（4）社会主要矛盾的转变并不容易，需要制度保障，需要长期奋斗。

（5）社会主要矛盾的转变将对我国发展产生深远的影响，改变我国社会格局。

综上所述，"中国特色社会主义进入新时代，我国社会主要矛盾已经转化为人民日益增长的美好生活需要和不平衡不充分的发展之间的矛盾。"

这一论断是适应时代发展需求的一次大胆创新，对我国实现中华民族伟大复兴的中国梦具有极其重要的现实意义。

参考文献

习近平：《决胜全面建成小康社会 夺取新时代中国特色社会主义伟大胜利》，《人民日报》2017年10月28日，第1版。

戴维·波普诺：《社会学》（第11版），李强译，中国人民大学出版社，2007。

《习近平总书记系列重要讲话读本》，人民出版社，2016。

《胡锦涛文选》（第三卷），人民出版社，2016。

《习近平谈治国理政》，外文出版社，2014。

何敬文：《我国社会主要矛盾的变与不变——新中国成立后中国共产党与理论界的三次思想互动》，《中共中央党校学报》2010年第4期。

张占斌：《正确认识中国新时代的社会主要矛盾》，《人民论坛》2017年第11期。

李忠杰：《全面把握社会主要矛盾的新界定》，《中国党政干部论坛》2017年第11期。

Sociological Analysis of the Principal Contradiction in Chinese Society

Tao Lintao

Abstract：In the 19th CPC National Congress，Secretary General Xi Jinping has made an important statement in the report："the principal contradiction facing Chinese society has evolved into a contradiction between unbalanced and inadequate development and the people's ever-growing needs for a better life." On how to interpret this new statement，cognition varies in academia. From the sociological perspectives of functionalism，conflict theory and interactive theory，a conclusion can be made：The transformation of the principal contradiction in our society is an inevitable trend and a great step forward. Social progress（as material basis），concept innovation（as political basis），people's needs（as class basis）， cultural prosperity (as cultural basis) are the main force to propel the principal social contradiction to evolve. It has a special significance for our social development to better understand the principal contradiction facing Chinese society today.

Keywords: Principal Social Contradiction; Sociology; Functionalism; Conflict Theory; Interactive Theory

"四个伟大"：习近平新时代中国特色社会主义思想的实践诠释[*]

——深入学习党的十九大报告

祝小茗[**]

【摘要】 习近平同志在中国共产党第十九次全国代表大会上阐发了"进行伟大斗争、建设伟大工程、推进伟大事业、实现伟大梦想"这一重要论述，具有丰富的时代意涵。深刻理解这一重要论述应从四个方面把握："进行伟大斗争"是勇气，要敢于直面挑战，勇于化解各类矛盾；"建设伟大工程"是基石，要坚持党的领导，不断加强党的建设；"推进伟大事业"是旗帜，要坚持走中国特色社会主义道路，协调推进"四个全面"建设；"实现伟大梦想"是目标，要凝聚改革共识，为实现"中国梦"而不懈奋斗。

【关键词】 "四个伟大" 十九大报告 中国特色社会主义

在中国共产党第十九次全国代表大会上，习近平总书记深刻阐述了新的历史条件下坚持和发展中国特色社会主义的一系列重大理论和实践问题，提出了"实现伟大梦想，必须进行伟大斗争，必须建设伟大工程，必须推进伟大事业"（以下简称"四个伟大"）的主要论断[①]，这是中国共产

---

[*] 本文为 2016 年度中共吉林省委宣传部重点项目"弘扬社会主义核心价值观 加强意识形态建设"（项目编号：2016A016）阶段性成果。

[**] 祝小茗，博士，武警长白山公安边防支队副研究员，研究方向为中国特色社会主义理论与军队政治工作。

[①] 《十九大报告为实现中华民族伟大复兴的中国梦提供了科学的行动指南和强大的精神力量》，《人民日报》2017 年 10 月 20 日，第 4 版。

党治国理政的重要思想、重要观点、重大判断和重大举措，对全党统一思想、统一行动、统一意志，自觉在思想上、政治上、行动上同以习近平同志为核心的党中央保持高度一致，落实各项决策部署，具有重大意义。

一 "进行伟大斗争"是勇气，要敢于直面挑战 勇于化解各类矛盾

党的十九大报告指出："我们党要团结带领人民有效应对重大挑战、抵御重大风险、克服重大阻力、解决重大矛盾，必须进行具有许多新的历史特点的伟大斗争，任何贪图享受、消极懈怠、回避矛盾的思想和行为都是错误的""必须准备进行具有许多新的历史特点的伟大斗争"，这是基于当前党和国家所面临的一系列挑战、考验和危险提出的科学判断。

中国经济实力与综合国力正在不断增强，但我们仍面临诸多内外挑战。国际上，尽管中国一再强调互惠互利、和谐发展、合作共赢，共同构建人类命运共同体，但个别西方国家依然抱残守缺，把中国的和平崛起视为"威胁"，在国际政治生活中加紧防范甚至打压。国内，经济社会发展在释放改革"红利"的同时，旧的体制积弊所引发的各类矛盾，利益固化藩篱衍生的强大阻力，GDP 指标增加与资源环境衰竭的矛盾，医疗、教育、交通、社会分配不公等领域的突出问题，依然制约着国家的发展；[①]蚕食主流意识形态的"宪政民主""新自由主义""历史虚无主义""普世价值"等思想仍有一定市场；民族分裂势力活动依然猖獗，"疆独""藏独""台独"野心不死等问题也亟待解决。

党的十八大报告指出，我们党面临着精神懈怠、能力不足、脱离群众、消极腐败四大危险挑战。现实中，有的党员干部缺乏斗志，道德下滑，精神懈怠，与民争利；有的党员干部难以胜任所肩负的历史重任，难以应对诸多挑战，能力明显不足；有的党员干部"官本位"思想严重，不愿深入群众，习惯于"蜻蜓点水""走马观花"，作风漂浮；一些地区和个别领域腐败现象严重，选人用人"潜规则"大行其道，严重损害了党在人

---

① 秦宣：《中国特色社会主义专题研究》，高等教育出版社，2016，第 180 页。

民群众心目中的形象。

面对诸多矛盾和挑战，中国共产党并没有退缩，正如习近平总书记在"十九大"报告中指出的那样，"我们要更加自觉地防范各种风险，坚决战胜一切在政治、经济、文化、社会等领域和自然界出现的困难和挑战。全党要充分认识这场伟大斗争的长期性、复杂性、艰巨性，发扬斗争精神，提高斗争本领，不断夺取伟大斗争新胜利。"① 我们要以坚定的信念、顽强的毅力、无畏的精神、奋斗的姿态，克服前进过程中出现的困难、挑战和风险，不断赢得党心民心。在同不良倾向和不利舆论的斗争中净化社会思想，不断加强党对意识形态工作的领导，旗帜鲜明地巩固马克思主义在意识形态领域的指导地位；在同体制、机制弊端和利益固化藩篱的斗争中推动经济社会发展，敢于啃硬骨头，敢于涉险滩，坚定不移全面深化改革，全面发力、多点突破、纵深推进改革发展的崭新局面；在同霸权主义和强权政治的斗争中维护国家利益和安全，坚定不移地推进中国特色大国外交，构建以合作共赢为核心的新型国际关系，营造和平发展的国际环境，致力于打造人类命运共同体，不断赢得国际社会的广泛认同。

二　"建设伟大工程"是基石，要坚持党的领导不断加强党的建设

办好中国的事情，关键在党，这是被中国近代以来的历史反复证明了的道理。把党建设好，国家就会繁荣稳定，人民就会幸福安康，实现中华民族伟大复兴的中国梦就有光明前景。今天中国的强大和人民的幸福，离不开中国共产党这块主心骨，这是中国人民在长期奋斗中做出的选择。坚持党的领导，是推动中国改革的核心力量。当今时代，我国各项改革正处于啃硬骨头的关键时期，其发展的广度和深度是前所未有的，各种利益关系错综复杂。如果没有党站在全局的高度把握发展方向、制定发展战略、统筹各方面工作、协调各种利益、理顺重大关系，我国经济社会发展必将

---

① 《中共十九大开幕，习近平代表十八届中央委员会作报告》，http：//www.china.com.cn/cppcc/2017-10/18/content_41752399.htm，2017年12月19日。

陷入混乱、举步维艰。世界上许多国家的改革停滞不前，其原因就在于执政党无法对改革发展做出长远规划，更无力推行有利于经济社会发展的政策措施。因此，在"十九大"报告中，习近平总书记强调："我们要深刻认识党面临的执政考验、改革开放考验、市场经济考验、外部环境考验的长期性和复杂性，深刻认识党面临的精神懈怠危险、能力不足危险、脱离群众危险、消极腐败危险的尖锐性和严峻性，坚持问题导向，保持战略定力，推动全面从严治党向纵深发展。"①

那么，在新的历史条件下如何推进全面从严治党向纵深发展？一要从党内政治生活抓起。严肃党内政治生活必须多管齐下，方能久久为功。要坚持以党章党纪为根本遵循，让守纪律、讲规矩成为常态；坚持贯彻民主集中制原则，加强对权力的监督制约；落实"三会一课"、民主评议党员等制度，坚持和规范经常性的组织生活；用好用活批评和自我批评这个锐利武器，做到揭短亮丑、保留辣味、提神醒脑。持之以恒地净化和优化党内政治生态，切实营造清清爽爽的同志关系和干干净净的上下级关系。二要匡正选人用人导向，夯实组织根基。要有效巩固狠抓"四风"建设、"三严三实"和从严治党的实践成果，坚持五湖四海，反对山头主义，把公平、公开、公正的工作理念贯穿于选人用人全过程。不断加强正向激励，完善纠错与问责机制，提升干部配备与干部培训的质量，逐步形成良好的用人导向。要加强党员干部"八小时"以外的监督和管理，突出抓好"生活圈"与"社交圈"，狠抓领导干部这个"关键少数"，让歪风邪气无处遁形。三要坚持不懈重监督，逐步形成全覆盖的监督体系。我们要牢记"信任不能代替监督"，认真贯彻执行《中国共产党党内监督条例》与《中国共产党问责条例》，让监督的触角覆盖至各个领域，不断提升党内巡视工作与纪检监察工作的水平，把监督的笼子织得更密。尤其要抓好重点领域、重要岗位、关键环节以及工程建设、招标投标、物资采购等事项的风险防控，认真落实党委领导下的民主集中制以及述责、述廉制度，建立健全党员领导干部问责制度、建立领导干部干预司法活动和插手重大事项记

---

① 《中共十九大开幕，习近平代表十八届中央委员会作报告》，http：//www.china.com.cn/cppcc/2017－10/18/content_41752399.htm，2017年12月19日；《历史性变革 历史性成就》，《解放军报》2017年8月2日，第2版。

录制度，切实把监督重点抓得更准。对于党员领导干部和"身边人"，要多设"高压线"，多一些"探头"，加强对私底下、无人时、细微处的监督，形成"八小时之内"与"八小时之外"全覆盖的监督链条。把监督合力聚得更强，强化党内监督、群众监督、舆论监督、人大监督、法律监督的效能，充分发挥同级相互监督作用，形成全方位监督体系。

三　"推进伟大事业"是旗帜，要坚持走中国特色社会主义道路协调推进"四个全面"

党的十八大以来的五年，是砥砺奋进的五年、攻坚克难的五年、深得民心的五年、成就卓著的五年。五年间，以习近平同志为核心的党中央猛药治疴，重典治乱，以气势磅礴的政治勇气和高超的智慧推进各项改革，统揽全局、系统谋划、使一轮又一轮的改革大潮不断涌起。① 五年间，我们稳步推进法治中国、平安中国建设，开启了中国特色社会主义法治的新时代。优化司法职权配置，规范司法行为，让公平正义的阳光照亮每个角落，努力使尊法、学法、守法、用法成为全体公民的共同追求，让政府工作在法治轨道上稳步前行，让法律成为治理国家最高权威的手段。五年间，我们狠抓生态文明建设，把生态文明建设写入了中国共产党章程，推出了"史上最严"的生态环境保护制度，严肃责任追究，严格责任倒查，使绿色生态、绿色生活、绿色观念深入人心，美丽中国建设成效明显。五年间，党风政风和社会风气有了巨大变化，诸多民生问题得到改善，社会的公平正义之风更加浓郁，各项科技创新成果大幅增加，军队体制改革稳步推进，国家综合实力不断增强，大国外交形象和国际威望持续提升，各个方面各个领域取得了前所未有的新成就，使我国经济社会发展再上新台阶、再展新画卷、再呈新气象，为全面建成小康社会、开启现代化建设新征程打下了坚实的基础。

我国"四个全面"重要方略的提出，确立了治国理政的目标引领、根

---

① 陈冠军：《走向善治的中国——十八大以来治国理政观察》，中共中央党校出版社，2017，第 55 页。

本动力、治理方式、领导核心。政治生态、文化生态呈现新面貌，政治生态走向风清气正，文化生态趋于向善向好。强军兴军出现新飞跃，人民军队实现了政治生态重塑、组织形态重塑、力量体系重塑、作风形象重塑。国际战略达到新高度，统筹治党治国、协同内政外交，把"中国象棋"与"国际象棋"合成一盘大棋来下，同步推进国家治理现代化和全球治理体系变革。实践表明，坚持走中国特色社会主义道路，协调推进"四个全面"，加快实现治国理政现代化、实现"五位一体"总体布局，不仅意味着中国特色社会主义拓展了发展中国家走向现代化的途径，更为解决人类问题贡献了中国智慧、提供了中国方案。①

四　"实现伟大梦想"是目标，要凝聚改革共识为实现 "中国梦"而不懈奋斗

通过把"中国梦"引入主流政治话语，习近平总书记打通了中华民族悠久的历史与蓬勃发展的现实之间的内在联结，重置了中华民族伟大复兴与世界各国发展的逻辑关系。

"实现伟大梦想"，就是让伟大梦想植根于悠久历史中。习近平总书记在参观"复兴之路"展览时就曾指出，实现中华民族伟大复兴，就是中华民族近代以来最伟大的梦想。他进一步强调："这个梦想，凝聚了几代中国人的夙愿，体现了中华民族和中国人民的整体利益，是每一个中华儿女的共同期盼。"② 从历史的角度对中国梦进行阐释与解读，让我们深刻地感到中国梦既是历史的，又是现实的，既是无数中华儿女共同的夙愿和为之奋斗的理想，又是我们党领导的改革开放和社会主义现代化建设根本动力与根本目标，为我们参与社会治理和凝聚改革共识汇聚了"正能量"，为实现中华民族的伟大复兴找到了"最大公约数"。

"实现伟大梦想"，就是让伟大梦想催生创新理论。习近平总书记提出的"中国梦"重要论述，体现了历史与逻辑的统一、中国与世界的互动、

---

① 《历史性变革 历史性成就》，《解放军报》2017 年 8 月 2 日，第 2 版。

② 中共中央宣传部：《习近平总书记系列重要讲话读本（2016 年版）》，学习出版社、人民出版社，2016，第 203 页。

改革开放前与改革开放后之间的对比，使历史与现实、国内与国外、沟通与交流、理论与实践之间的关联更为突出。当前，我们正在进行新的伟大的革命，它体现在要坚定不移依靠改革开放，在坚持社会主义基本制度的前提下以更加开阔的视野和积极的姿态参与全球治理，充分发挥负责任大国的担当，为人类文明及全球善治提供"中国方案"与"中国智慧"，不断开辟新的话语空间，不断拓展新的思考视角，不断提供新的意义承载。

"实现伟大梦想"，就是让伟大梦想凝聚共同力量。习近平总书记指出，在实现中国梦的征程中，需要最大限度地凝聚共识，冲破思想观念障碍，汇聚每个人的梦想，形成推动社会发展进步的强大正能量。全体中华儿女应以共同理想凝聚共同力量，以共同奋斗追求共同目标，共同享有人生出彩的机会，共同享有梦想成真的机会，共同享有同祖国和时代一起成长进步的机会。

"实现伟大梦想"——正如习近平总书记在"十九大"报告中所强调的，坚持宏观引领，广泛团结全国各族人民，接过历史的接力棒，为实现中华民族伟大复兴的"伟大梦想"而不懈奋斗，传播"中国声音"，唱响"中国观点"，担当起向世界传播"中国形象"的使命，不断交流发展理念，贡献中国智慧，使中华民族早日屹立于世界民族之林。在中国特色社会主义新时代的历史起点上不忘初心继往开来，毫不动摇推进党的建设新的伟大工程，确保党和国家事业始终沿着正确方向胜利前进，激励全党全国各族人民决胜全面建成小康社会、夺取中国特色社会主义伟大胜利。不断增强大局意识和忧患意识，做到在党言党、在党忧党、在党为党，开阔视野、思则有备。紧抓机遇，面对矛盾不退缩，真正实实在在地干事、干实实在在的事，用个体的小成绩托起民族和国家的大梦想。

我们要以高度的理论自觉和行动自信，不断丰富中国特色社会主义理论的实践内涵，把"十九大"报告作为当前乃至今后一段时期学习的重要内容，在思想上、政治上、行动上同以习近平同志为核心的党中央保持高度一致，坚定不移地继续进行伟大斗争、建设伟大工程、推进伟大事业、实现伟大梦想，以更大的决心、更大的勇气、更大的气力抓紧抓好各项建设，将昨日的丰功伟业续写为明天的壮美风景，将践行"四个伟大"的前进步伐转化为迈向中国特色社会主义新时代的不竭动力，以新的精神状态和奋斗姿态把中国特色社会主义伟大事业不断向前推进，为全面建成小康社会和实现中华民族的伟大复兴做出新的更大贡献！

"Four Greats": Practical Interpretation of Xi Jinping Thought on Socialism with Chinese Characteristics for a New Era

—Study on the Report of The 19th National Congress of the Communist Party of China

Zhu Xiaoming

Abstract：In the 19th National Congress of the Communist Party of China, General Secretary Xi Jinping put forward a statement " great struggle, great project, great cause and great dream", for short, "Four Greats". It carries a rich connotation of the times. The article claims that to better understand the "Four Greats" notion, the following aspects should be cognized. The "great struggle" is the courage-we should take the courage to face the challenges and solve the problems of all sorts; The "great project" is the cornerstone-we should adhere to the leadership of the CPC and consistently enhance the construction of the Party. The "great cause" is the banner-we should adhere to the path of socialism with Chinese characteristics and coordinately propel the "Four All-Rounds" construction; The "great dream" is the goal-we should strengthen consensus and strive to fulfill the Chinese Dream of national rejuvenation.

Keywords："Four Greats"; the Report of The 19th National Congress of the Communist Party of China ; Socialist Theory with Chinese Characteristics

哲　学

Philosophy

生态哲学研究：基本问题与实践目标

胡骄平　周子善　王　勇*

【摘要】 生态哲学是一种关于可持续发展问题的哲学。生态哲学本体论上，既不是人类本体，也不是自然本体，而是强调将人与自然的关系作为本体。生态哲学的价值追求体现在：人与自然的可持续发展；回归自然与超越自然。生态哲学有着自己独特的文化意蕴，具体体现在：人对自然环境的依赖关系；人对自然环境的改造关系；自然环境的文化形态。生态哲学实践目标就是：处理好自在自然与人化自然的关系；把生态建设上升到人与自然和谐共存之高度，并实现经济效益、生态效益和社会效益的统一；生态哲学很大程度上源于人对自然的责任的思考，因而生态哲学实践目标应该具有道德责任倾向。

【关键词】 生态哲学　关系本体　文化意蕴　可持续发展　道德责任

　　生态危机已成为全球关注的重大问题。关于生态哲学研究现状，《自然辩证法研究》作为由中国自然辩证法研究会主办的并在我国科学哲学界最具典型性和权威性的国家级核心期刊之一，其生态哲学的载文状况毫无疑问具有一定的代表性和影响力，能比较深层地反映生态哲学这一新的哲学形态的研究进展状况、启示价值以及未来发展趋势等。已有研究成果表明：生态哲学主要表现为对生态系统的准确认识、对人与自然关系的深刻

---

* 胡骄平，北京理工大学珠海学院教授、哲学博士、硕士生导师，主要研究方向为中西哲学与马克思主义理论；周子善，北京理工大学珠海学院副教授，法学硕士，主要研究方向为国际政治及马克思主义理论；王勇，北京理工大学珠海学院副教授，主要研究方向为高等教育。

反思、对生态价值的全面把握、对生态文明的根本追求，其核心内容包括：万物普遍联系，包容共生；人与自然平安相处，和谐共融；人与自然独立平等，价值共享；人与自然永续发展，相伴相依。生态哲学在世界观上强调有机创造性、内在联系性、人与自然的整体性。把握人与自然的关系是生态哲学的基础。生态认识模式包括生态模型、生态理性、生态法则等。生态价值观是生态社会的价值取向。生态价值包括自然价值和文化价值及其相互关系等。建设生态文明，是关系人民福祉、关乎民族未来的国家战略、长远大计。必须树立尊重自然、顺应自然、保护自然的生态文明理念，以生态哲学做指导，把生态文明建设放在经济社会发展的突出地位。

生态哲学研究的基本思路，就是用生态系统的观点和方法研究人类社会与自然环境之间的相互关系及其普遍规律。生态哲学研究是对人类社会和自然界的相互作用所进行的社会哲学研究的综合。一方面，生态哲学以"生态人格化"为理论根据，诠释人和自然的精神统一性，确认自然界与人类社会的和谐性和完整性。另一方面，研究人的道德问题。人的道德问题在生态哲学中占有重要地位，人与自然的关系，也是一种伦理关系，也构成道德关系。人的生命如何寻找永恒的皈依，是生命哲学对生态哲学提出的重要课题。

一　生态哲学的学科内涵与基本问题

（一）生态哲学的学科内涵

生态哲学（Ecological Philosophy 或 Eco-philosophy）是关于人类社会与自然环境之间的相互关系及普遍规律的科学。历史上，生态哲学以唯灵论——主张灵魂和精神是世界的本原的宗教和唯心主义哲学学说为理论根据，哲学本体是灵魂或精神，宣扬人和自然的精神统一性，确认自然界以灵魂为基础的固有的和谐性和完整性。当今生态哲学已从一种偏狭的唯心主义哲学演变成一种新的哲学范式，是一种全新的生态世界观，它以人与自然的关系为哲学基本问题，追求人与自然和谐发展的人类目标，因而为可持续发展战略提供理论支持，是一种可持续发展的哲学。生态哲学旗帜鲜明地反对不加节制的工业发展、以技术统治为导向的理性主义和城市主义。

（二）生态哲学的本体论问题

1. 人与自然的关系

在生态哲学本体论问题上，笔者认为：关系即本体。生态哲学研究人与自然的关系，具有很强的现实意义。过去我们讲人是万物之灵，人类要征服自然，成为自然界的主宰。现在看来，人要呼吸、要阳光、要雨露、要"饮食男女"，人类的生存发展依然依赖于自然。人类征服和主宰自然的行为，导致了对自然的肆意掠夺和破坏，并直接威胁到了人类自身的生存和发展。因此，必须重新认识和处理人与自然的关系。

关系即本体，就是说：既不能是人类本体，也不能是自然本体。很久以来，在人与自然关系问题上一直存在两种主义的争论。一种是人类中心主义，一种是反人类中心主义或自然主义。这两种主义争论的核心问题是：人的活动应该是以自然为中心，还是以人类为中心？人类保护自然环境是为了让自然界存在和发展得更好，还是为了人类自身存在和发展得更好？我们不太能够想象人类创造一个美好的环境仅仅是为了让各种自然存在物如植物、动物等生活成长得更好，更不能想象人类会为了动植物的生存而从根本上损害人类自身的生存和发展。也许，人类永远不可能不从自身生存和发展出发来思考和处理人与自然的关系问题。因此，我们所要反对的应是狭隘、极端的人类中心主义，所要提倡的应是合理、适度的人类中心主义。

人与自然的关系还可以从现代消费的角度来看。现代消费以人的舒适和幸福为目的，大都以消耗自然资源为手段。那么，在建设生态文明的过程中应该鼓励消费，还是限制消费？现代化的生活更幸福，还是自然状态的生活更幸福？简朴使人感到更幸福，还是奢华使人感到更幸福？尽管现在已有不少年轻人远离都市、回归自然，自得其乐地过着田园牧歌式的生活，也有不少文人墨客为之赞颂，但问题并不会这样简单，这需要我们进行理性思考和科学抉择。

2. 生态与文明的关系

从原初意义上说，生态是指自然界的天然状态，甚至是指原初的自然生存状态。这种状态是指各个物种在地球上自然而然地产生、繁衍和变化，按照自然规律存在和发展，其中起主导作用的是优胜劣汰、物竞天择之规律。达尔文进化论的一个重要意义就在于揭示了这一规律。

而文明是专属于人和人类社会的，是指超越自然状态的人为和人化的更高境界。从一定意义上说，人类文明的发展就是人和社会作为一种特殊的存在方式和存在形态从自然界中分离出来的过程。人类在肌体结构、思维能力、伦理道德等方面不断进化，创造出越来越多的不会由大自然自然产生的物质、关系、思想和制度等，这些构成了人类文明的丰富内容。

不难看出，就存在形态和发展趋势而言，文明与生态越来越远。从这个角度说，两者之间是矛盾的。现在把这一矛盾统一起来，提出生态文明概念，就向人类自身提出了一系列的哲学问题，比如何为生态文明？它是一种自然文明、天然文明，还是一种社会文明、人化文明？在建设生态文明的过程中，如何处理生态与文明的关系？很明显，生态文明的首要特征是对生态价值的重视与强调，它要求我们在发展人类文明的同时高度重视自然界的价值与意义。然而，我们今天要想恢复完全天然的自然界，不仅是不必要的，也是不可能的。因此，建设生态文明，本质上是要建设一种重视生态价值的人类文明和社会文明。这需要全新的理念和方法，需要在新的时代高度上实现生态与文明的辩证统一。

（三）生态哲学的价值追求

1. 人与自然的可持续发展

可持续发展，是已经被明确提出并引起人们普遍重视的一个综合性、全球性的问题。从哲学上说，可持续发展是人与自然的关系问题。运用哲学思维必然引起人们思考生态问题方式的转变。从实践上讲，可持续发展是针对经济社会发展中越来越严重的生态破坏、环境污染、能源减少、资源匮乏等危机而提出来的对策性概念，但实际上已涉及人类文化、生命价值等深层次问题。很明显，当今社会各种危机的出现，是人类所面临的最严峻的挑战，已直接威胁到人类的生存与发展。可持续发展观，已经看到了传统发展观下的技术的消极方面，看到了无限制的技术化的灾难性后果——人的存在的丧失，是人的全面的异化。

可持续发展观与传统发展观不同。对传统发展观起支撑作用的哲学观点是人类中心主义。长期以来，人们的思想一直活跃在人类中心主义的框架内。人类把自己看成世界的中心、自然的主宰，把世界看成对象，把天地万物看成技术生产的原材料，人可以任意向大自然索取。这种发展观自觉不自觉地把自然放到了人类的对立面，人们心中想到的就是征服它、控制它。大约在春秋战国时期，我国就有了比较系统的人类中心主义观点，荀子就是人类中心主义的杰出代表，其"人定胜天"观念一直影响着国人对于大自然的态度，人们感觉成了自然的"主人"，以至形成了后来的"与天斗，其乐无穷"的豪迈气概，人们对自然的干预达到了空前的地步。

传统发展观一个直接后果就是导致了人与自然之间的取予不均，人类对自然的索取和掠夺远远多于人类对自然的反哺和回馈。于是，也导致了人类延续中的代际不公平。一句古老的西方格言说，"地球不是祖辈留给我们的遗产，而是后代托付给我们保管的财富。"而我们疯狂地索取事实上是在"吃祖宗饭，断子孙粮"，以致现在已出现了"生态赤字"，我们拿什么交给子孙后代？传统发展观及其指引下的发展已经造成了代际不公平，当然也不可避免地造成了同代人之间的发展不平衡。

生态哲学相关学科较多，如生命哲学、道德哲学、环境伦理学等。生命哲学对生态哲学有很大的影响。人的道德问题在生态哲学中也占有重要地位。生态哲学与环境伦理学的区别在于侧重点不同。生态哲学的侧重点在于：一是本体论思考，寻找生态问题的实质；二是认识论思考，探求解决生态问题的方法论；三是价值论思考，寻找生态价值以及建立合理的生态价值的评价体系。像其他哲学学科一样，生态哲学有助于人们思维方式的转变，从而确立以可持续发展理念为核心的正确发展观。

2. 回归自然与超越自然

当代中国是在推进现代化、工业化的大背景下进行生态文明建设的。因此，我国生态文明建设的一个重大现实课题就是处理好推进现代化、工业化与建设生态文明之间的关系。从生态哲学的视角看，这集中体现为回归自然与超越自然的关系，也是生态哲学的价值追求。

所谓回归自然，就是要把促进人与自然和谐相处的理念贯穿到现代化、工业化的整体进程中。要看到自然界是人类永远无法摆脱的物质和能量基础，自然规律仍然在根本上制约着人的生存、活动和发展，自然资源仍然是人类不可或缺而又极为有限的珍贵资源，人类仍然是自然界的一部分、仍然要依赖自然界而生存和发展。因此，尊重自然就是珍惜人类生存发展的前提和基础，顺应自然就要遵循自然界生存发展的客观规律，保护自然就是保护人类生存发展的根本空间。

所谓超越自然，就是要克服盲目顺从自然和盲目征服自然这两种极端心态与行为，积极探索新型现代化、工业化道路。新型现代化、工业化不以伤害和破坏自然界为前提，而以尊重、顺应和保护自然为前提，强调把生态文明建设放在突出位置，使之融入经济建设、文化建设、社会建设各方面和全过程，努力探索绿色发展、循环发展、低碳发展之路，形成节约资源和保护环境的空间格局、产业结构、生产方式、生活方式，建设资源节约型和环境友好型社会。

只有在回归自然与超越自然的辩证统一中，我们才能既最大限度地保护生态环境和自然资源，又能有力地推进社会主义现代化、工业化进程，促进经济社会发展和文明进步，建设美丽中国，实现中华民族永续发展。

（四）生态哲学的文化意蕴

1. 自然环境对人类文化的客观影响

自然环境是人类赖以生存和发展的物质基础，同时也是人类产生意识或精神的基础。愈是远古，人类对自然环境的依赖性越大。远古时期，自然环境对人类活动几乎起决定性作用。原始人，刚刚从动物界分离出来，自然环境对他们来讲是严峻的，人们不得不结成小群体即原始群，依靠集体力量来生存。他们共同采集野菜瓜果，捕猎昆虫野兽，并渐渐学会了制作和使用天然棍棒和简单的打制石器，这就是所谓的"旧石器时代"。新石器时代、青铜时代、铁器时代，人类普遍使用磨制石器、青铜、铁器，推动了农业、手工业的发展和人类文明的进步，出现了金石文化、青铜文化。近代、现代，人类"人化自然"① 的能力加强了，因而自然环境对人类活动的决定作用越来越弱。比如：天不下雨，可以进行人工增雨；北方缺水，可以南水北调；地球拥挤，可以探讨建立海上城市，移居南极甚至其他星球。

然而，由于人类对自然环境的过度开发和破坏，一系列全球性威胁日益严重。比如全球气候变暖、森林面积日益缩小、物种的灭绝速度加快、水资源不足、大气污染严重、土地面积减少、垃圾废物成灾、资源在减少、农用药害严重等。自然环境与人类文化的关系越来越紧张。

2. 人对自然环境的依赖关系与改造关系

人对自然环境具有依赖关系：人类作为自然界这个大系统中的子系统，时时刻刻与自然环境进行着物质、能量和信息的交换，由此获取各种物质生活资料和精神财富素材。人对自然的依赖关系在不断发展和变化：①纯粹式依赖。它是远古时代人类完全依赖于自然系统提供的纯自然物维持生存与发展的依赖形式；②条件式依赖。它是农业畜牧业时代人类利用自然界提供的水利、气候、土壤等条件进行种植、养殖、放牧的新型依赖形式；③资源式依赖。它是迄今为止最为普遍的依赖形式，其实质是随着科学技术与生产力的进一步发展，人类对于自然界的改造能力迅速增强，使更多的自然物质变成了资源，原有的依赖关系减弱，依赖形式发生了根本性的变化。

除了依赖关系外，人对自然的关系也是改造关系：人类能够创造出自然界原来没有的人造物和人造环境。人造物有机构成基本单元包括两种基本类型：①再生型改造物，即人们劳动加工了的自然物，基本上是天然物的翻版，并没有触及天然物的基本结构，比如花岗岩被切割打磨成建筑材料等；②异生型改造物，即人们劳动加工了的自然物不仅改变了自然物的存在形态，而且改变了自然物的基本结构，并赋予新的、非天然的物质属性。比如，石油被改造成了燃油、化纤等。人类还能够不断创造生产某种天然产品的手段。

---

① 《马克思恩格斯全集》，人民出版社，1979，第128页。

3. 自然环境的文化形态

自从有了人和人类实践，自然环境也就具备了文化意义。自然的文化形态根据人类本质力量的存在形式、人对自然的改造程度，可以分为：①征服形态，即自然物被打上人类劳动的烙印，使人们得以从中直观自身。自然被认识，被改造，显示人的本质力量。比如绿色田园、优美园林、万里长城。②依赖形态，即自然物作为人类社会环境，具有人化的意义，从而获得文化价值。人类对自然的依赖，是人类本质力量存在的条件。空气、阳光、水，都与人的生活发生联系，给予人们生活资源和审美享受。③象征形态，即自然物作为人和人类生活的象征，对人的本质力量具有象征性文化意义。比如：山，象征刚毅的性格；海，象征宽阔的胸怀；红叶，象征人格的晚节；梅兰竹菊，象征君子品格；等等。

二　生态哲学的实践目标

（一）人化自然与自在自然的实践辩证

人化自然，是作为人类行为结果出现的。它是对自在自然的改造。自在自然，是未受到人类认识和人类实践影响的那部分自然，尚未被人类认识把握、未被人类劳动改造。其特点是，相对于人的活动来说，具有纯粹的外在性。人化自然，就是渗透着人的因素，受到人的活动影响、干预的自然，是已被纳入人的活动范围的自然。相对于人类实践影响来讲，还可以区分出天然自然和人工自然，天然自然，是人类已经认识但未被人类改造的自然。人工自然，是天然自然在人类实践作用下被改造后的存在形态。这些自然形态既相互区别，又相互联系，统一于大自然系统之中。人化自然、人工自然都是由自在自然、天然自然转化、发展而来的。人化自然、人工自然虽然具有某些特殊性质和规律，但总体上服从于自在自然、天然自然的本性和规律。

从一个基本趋势看，人化自然与自在自然之间辩证关系的发展，表现为人化自然的不断扩大和自在自然的不断缩小。在畜牧社会和农耕社会里，动物和植物都按照自然规律生存发展，人类社会在很大程度上依赖于自在自然进行生产与再生产，自然界和自然规律对于人类的基础性地位没有受到根本性破坏。近代以来，这种状况发生了越来越大的变化。借助现代科学技术手段尤其是机器大工业力量，人类展现了征服自然与改造自然的强烈欲望和强大能力，自然界被前所未有地人化和社会化了，人化自然的领域与范围空前扩大。人类运用科技的力量，一方面创造了更加适合自身生存发展需要的大环境如三峡大坝，小环境如居家空调，新物资如化肥农药除草剂，新物种如转基因动植物，新能源如核能等，另一方面又耗费了大量自然能源资源，打破了自然界和生物链的平衡，对自在自然和生态环境造成严重破坏。

自在自然与人化自然的此消彼长甚至严重对立，最终将使人类失去赖以生存和发展的生态基础。因此，建设生态文明，需要反思现代化进程，生态哲学的实践目标就是研究如何处理好自在自然与人化自然的关系。

（二）把生态建设上升到人与自然和谐共存高度

生态建设目标的实现并不是停止发展而追求原生态保持率、未开发率，而是在发展中追求生态的可持续性，而生态的可持续性又是可持续发展的一个主要方面，这就决定了生态建设目标的制定，要建立在可持续发展理念的基本框架之内，遵循可持续发展战略的应有规律。以此为依据，制定和实现生态建设目标，必须树立新的生态哲学理念，改变传统发展观和传统思维定式。

历史上，我国曾搞过多次植树造林运动。由于人们对生态建设的规律认识不足，生态建设意识不强，加之曾经吃饭问题尚未完全解决，种树与种粮的矛盾比较突出，但又未能自觉地从可持续发展的战略高度上去重视生态建设，导致植树造林运动缺乏全局意识，缺乏系统性，人、财、物使用失当，致使生态建设没有达到预期效益，甚至出现负效益。这对我们现在所要实施的生态建设战略有着重要的警示作用。

生态哲学的实践目标就是要把生态建设上升到人与自然和谐共存的高度。从本质看，人是自然界的一部分，人源于大自然，大自然应该处于本体地位。从人的生存与发展看，自然界为人类提供了劳动对象和劳动资料，人与自然的物质交换活动是人类存在与发展的基础；人的活动不能超越自然所能承受的限度，不能违背自然规律。人与自然的关系是一种改造和被改造、认识与被认识的关系，生存环境的恶化，人是主要原因，引发生态危机的关键在于人自身。因此，人类想要正常存续下去，就要与自然共存，就要做到"人化自然"与"自在自然"①的和谐。历史告诫我们：如果不善于和大自然和谐相处，即使我们曾经拥有大自然的丰厚馈赠，即使我们在同大自然的搏斗中取得过胜利，那么大自然带给我们的也将不再是生活的乐趣和发展的希望，而只能是生存的艰难困苦和精神家园的迷失。所以，把生态建设上升到人与自然和谐共存的高度，并从哲学高度认识人与自然的关系，具有重要的意义。

（三）实现经济效益、生态效益和社会效益的统一

生态建设不能片面强调改善生态环境，一味考虑生态效益和长远效益，而忽视经济效益，否则生态效益也不可能持续。践行以生态持续为重要内容的可持续发展观，实现经济效益、生态效益和社会效益共同增长，是一种以人为本、人与自然和谐统一发展观的体现。以生态持续为重要内容的可持续发展观，至少包含两重含义：一是强调当代人的自觉意识和整体意识，在思考问题时，应该自觉地从个体本位、群体本位向类本位转移，即要有人类整体意识。这种整体意识不仅仅是空间意义上的整体意识，而且也是时间意义上的整体意识，它要求当代人承担起为子孙后代开创更美好生活的责任。二是主张人与自然的和谐统一，把人从与自然的对立中解放出来，进入人与自然相和谐的高级发展阶段。人对自然界决不能只从自己的需要出发而不断索取，更不能肆意掠夺，而要承担起对于自然的人道主义责任。只有这样，人与自然才是和谐统一的。

（四）生态哲学实践目标的道德责任倾向

生态哲学很大程度上源于人对自然的责任思考，因而生态哲学实践目标应该具有道德责任倾向。传统伦理理论关于道德责任一般是指对于人的责任，不涉及自然范畴。受认识范围和实践范围的局限，人们认为人类社

---

① 《马克思恩格斯全集》第42卷，第128页。

会是人的责任行为的全部而唯一的领域，自然界被排挤在人类责任对象之外。不过，美国学者罗德里克·纳什（Roderick Nash）在《大自然的权利》一书中指出，除了一条对人的责任的线索之外，还存在一条由隐到显的责任线索，那就是对自然的责任。人类跨入科技时代后，科学知识不断转化为物质力量，对环境的负面作用也呈几何级数增长，导致人类可持续发展受到质疑。这使得伦理学不得不关注生存环境，责任对象也就开始拓展到了自然领域。

人为什么要承担对自然的道德责任？这是责任对象之所以要拓展到自然领域所要解决的基本问题。对这一问题的回答，目前主要有两种观点：人类中心主义和非人类中心主义。

人类中心主义本质上是作为一种价值和价值尺度而言的，它把人类利益作为价值原点和道德评价的依据，有且只有人才是价值判断的主体。其核心观点：一是在人与自然的价值关系中，只有有意识的人才是主体，自然是客体。价值评价的尺度必须掌握和始终掌握在人的手中，任何时候说到价值都是指对于人的意义；二是在人与自然的伦理关系中，应当贯彻"人是目的"思想，最早提出"人是目的"[①] 这一命题的是康德，这被认为是人类中心主义在理论上完成的标志；三是人类的一切活动都是为了满足自己的生存和发展的需要，那些不能达到这一目的的活动是没有任何意义的，因此一切都应当以人类利益为出发点和归宿。显然，人类中心主义实际上是把人类自身的生存和发展作为最高目标，它要求人的一切活动都应该遵循这一目标。马克思主义也特别强调人的主体性，并指出：人类主体性表现于精神生活中就在于意识到了思维与存在的对立；人类主体性表现于现实生活中，则是以人对自然的控制与利用为标志的现代生活方式以及这种生活方式在世界范围内的普及与发展。人类中心主义发展到现在经历了四个阶段：一是宇宙人类中心主义，认为人是宇宙的中心，这是方位意义上的人类中心主义；二是神学人类中心主义，认为人为神而存在，万物为人而存在；三是传统人类中心主义，由于近代以来科学技术不断转化为生产力，生产力水平极大提高，人与自然的关系发生重大改变，人类成

---

① 《康德著作全集》第 4 卷，李秋零译，中国人民大学出版社，2005，第 437 页。

为自然的主宰，这是通常意义上的人类中心主义；四是现代人类中心主义，也称弱人类中心主义，主张有节制地利用自然，处理好人与自然、当代人与后代人等方面的关系。

非人类中心主义是与人类中心主义相对而言的。关于人类中心主义和非人类中心主义的争论，兴起于 20 世纪 70 年代的西方国家，持续至今。当今世界，生态环境问题已经进入到了社会生活的核心地带，比如 MARS、SARS、疯牛病等公共卫生事件，便与生态环境遭到破坏有关。非人类中心主义认为，人类中心主义是生态破坏和环境污染的罪恶之源。非人类中心主义观点纷纭，流派林立，如动物权力论、大地伦理学、深生态学（Deep Ecology）、生物区域主义、生态女性主义等。显然，非人类中心主义是一种生物中心主义、生态中心主义。

对自然责任的论证，最早可以追溯到古希腊罗马时期对动物的关注。近代以来科学技术的发展，科技二重性不断体现出来，大自然不断受到不公正对待，越来越多的有识之士开始重视人与自然的关系，意识到人对自然的责任。英国早期仁慈主义运动指出，人类有责任成为动物福利的托管人。斯宾诺莎认为，所有存在物的价值和权利与人一样多。边沁从他的苦乐观出发，认为动物也能感受痛苦，并预言："这样的时代终将到来，那时人性将用他的'披风'为所有能呼吸的动物遮挡风雨。"[1] 约翰·劳伦斯（John Lawrence）在《关于马以及人对野兽的道德责任的哲学论文》中，认为动物没有权力的根源在于国家没有制定动物法以保护他们的正当权益。亨利·塞尔特（Henry Salt）继承了动物解放理论代表人物、英国哲学家边沁的思想，在 1892 年出版的《动物权利与社会进步》一书中认为，"如果我们准备公正地对待低等种属，我们就必须抛弃那种认为在它们和人类之间存在着一条'巨大鸿沟'的过时观念，必须认识到那个把宇宙大家庭中所有生物都联系在一起的共同的人道契约。"[2] 此后，人们逐步扩大对自然的道德责任的范围，自然中心主义更是主张对生物以外的所有存在物即整个大自然负责。所有的自然存在物都拥有价值，都值得人类关护，

---

[1] 〔美〕纳什：《大自然的权利》，杨通进译，青岛出版社，1999，第 26 页。
[2] 〔美〕纳什：《大自然的权利》，第 188 页。

而这种关护与人类的利益无关，它不是为了人类自己，而是为了自然本身。自然所拥有的价值不依赖于人类是否存在。自然中心主义观点颠覆了传统的人与自然的关系：人不得将自然看成是工具或人类为了达到自身目的而疯狂利用自然资源，而必须敬畏自然本身的价值，还自然以应有地位，使人与自然平起平坐，融为一体。其代表思想有美国学者利奥波德（Aldo Leopold）的"大地伦理"、挪威学者阿恩·纳斯（Arne Naess）的"深层生态学"、美国学者霍尔姆斯·罗尔斯顿（Holmes Rolston）的"荒野哲学"等。德裔美国学者汉斯·约纳斯（Hans Jonas）的《责任原理》一书从本体论高度论证了自然的内在价值，认为技术时代意味着不仅要考虑人类利益，还要冲破人类中心主义的束缚，考虑非人类的自然的利益，把它变成人类责任的对象，因为它对我们有某种责任要求，这要求不仅是为了我们的长远目标，而且还是为了它自身的目的。

显然，要合规律而又合目的地认识人对自然的道德责任，必须分析人与自然的利益关系。人不仅对人自身有道德责任，而且对人以外的大自然、整体生物圈也有保护的责任，并且这种保护是为了人类自身，而不仅仅是为了自然。

三　本研究的创新点及启示

（一）本研究的创新点

本研究的创新点，体现在把生态文明上升到哲学高度，并用生态哲学思维，诠释可持续发展战略。同时，强调生态哲学实践目标的道德责任倾向。可持续发展观明确提出了一个综合性、全球性的问题，并引起人们的普遍重视。它首先似乎是针对经济社会发展中越来越严重的生态被破坏、环境被污染以及能源减少、资源匮乏等危机而提出来的对策，但实际上已涉及人类文化、人文价值等深层次问题。很明显，这些危机的出现，是人类所面临的最严峻的挑战，已直接威胁到人类的生存与发展；从哲学上说，则是人与自然的关系问题。运用哲学思维必然引起人们关于生态问题思考方式的深刻转变。

如果切实把生态问题上升到生态文明建设的高度去认识，并以此指导我们的工作，那么我们在主体思路方面就应有两个方面的价值：首先，在思想观念上，将通过多种途径，加强人们的环境意识和生态意识的教育。不仅要从小学课本开始增加生态教育内容，而且要在大学设置专门的生态专业，培养专门人才。其次，在实践领域要设法对现行的生产方式、生活方式进行生态化的改造，力图建立起既符合国情，又可持续发展的生产方式和生活方式。在生产上，要建立资源节约、环境友好的经济实体，走生态经济发展道路；在生活上，则要积极提倡适度消费和绿色替代消费。

（二）本研究的启示

1. 学科启示

生态哲学作为用生态系统的观点和方法研究人类社会与自然环境之间的相互关系及其普遍规律的科学，是对人类社会和自然界的相互作用现象所进行的哲学研究的综合，是哲学学科发展的必然要求和具体体现。

2. 价值评价启示

关注生态价值评价，树立经济效益、生态效益和社会效益全面发展的理念。生态建设不能片面强调改善生态环境，一味考虑生态效益和长远效益，而忽视经济效益特别是近期效益，也不能一味考虑经济效益而忽视生态效益。实践上，应使得生态建设成为广大群众的自觉行动，经济效益和生态效益相统一。

3. 可持续发展启示

以生态持续为重要内容的可持续发展观，是一种以人为中心的发展观，是引导人类追求真善美统一境界的发展观。这种发展观至少包含两重含义：一是强调当代人的自觉意识和整体意识，在思考问题时，应该自觉地从个体本位、群体本位转到类本位上来，要有人类整体意识，这种整体意识不仅仅是空间意义上的整体意识，而且还是时间意义上的整体意识，要求当代人承担起为子孙后代开创更美好生活的责任。人对自然界决不能只从自己的需要出发而不断索取，更不能任意掠夺，而要承担起对于自然的人道主义责任。二是主张人与自然的和谐统一，把人从与自然的对立中"解放"出来，进入人与自然和谐共处的高级发展阶段，也就是说要实现马克思主义历史哲学观指明的价值追求，即共产主义将是人与自然之间、人与人之间的矛盾的真正解决。

4. 生态文明建设启示

建设生态文明，实现"五位一体"。生态哲学，是生态文明建设的理论依据。生态文明的概念可定义为：人类积极改善和优化人与自然的关系，改造客观世界的同时又主动保护客观世界，并建设良好的生态环境等一系列人与自然互动进程中所取得的物质成果和精神成果的总和。

参考文献

史军：《反思环境危机的哲学根源》，《长沙师范专科学校学报》2006 年第 3 期。
薛富兴：《环境哲学的基本理念》，《贵州社会科学》2009 年第 2 期。
胡艳妮：《生态危机：一个哲学的话题》，《黑龙江科技信息》2010 年第 17 期。
张连国：《中国传统生态哲学论》，《管子学刊》2004 年第 4 期。

Research on Ecological Philosophy: Basic Problems and Practical Goals

Hu Jiaoping   Zhou Zishan   Wang Yong

Abstract: Ecological philosophy is a philosophy about the problem of sustainable development. In the ontology of ecological philosophy, it is not a human body, nor a natural body, but an emphasis on the relationship between man and nature as ontology. The value pursuit of ecological philosophy is embodied in the sustainable development of man and nature, returning to nature and transcending nature. Ecological philosophy has its own unique cultural connotation, which is embodied in the following aspects: the dependence of human on natural environment, the transformation of human to natural environment, and the cultural form of natural environment. The practical goals are that: to deal with the relationship between nature and human nature, to raise ecological construction to the height of the harmonious coexistence of man and nature, and to fulfill the consistence of economic, ecological and social benefits. The ecological philosophy is, to a great extent, originated from what people think about their duties on nature. Therefore, the practical goals of ecological philosophy should embody a moral duty tendency.

Keywords: Ecological Philosophy; Relational Ontology; Cultural Implication; Sustainable Development; Moral Duty

经济与管理

Economy and Management

市场机制与政府补贴：反思我国新能源 汽车产业财政与税收制度[*]

胡　勇[**]

【摘要】本文结合我国新能源汽车产业财税政策现状，解读欧美主要发达国家新能源汽车产业财税支持手段。文章重点分析了目前新能源汽车财税制度框架下存在的若干具体产业问题，并认为目前该产业财税资源投入效率低下。文章提出，我国未来新能源汽车产业财税支持政策设计应以市场化机制为主，政府引导为辅，提高财政资源利用效率，同时完善新能源产业供给侧和需求侧的多样化市场激励制度。

【关键词】新能源汽车　财政与税收　政府补贴　市场机制

一　新能源汽车产业政策及发展现状

（一）我国产业政策背景

1992 年联合国环境与发展大会后，各国政府和有关国际组织为实现该会议宗旨，拟订各种战略和措施努力终止和扭转气候变化的影响。特别是2005 年《京都议定书》生效后，承担减排二氧化碳等温室气体义务的各国为完成温室气体减排目标，对新能源发展的支持力度进一步加大。2009 年

* 本文是广东珠海市社科"十二五"规划 2015 年度课题（项目编号：PT201513045）部分成果。

** 胡勇，在读法学博士，北京师范大学珠海分校国际商学部讲师，研究方向为能源法。

的哥本哈根气候峰会、2010 年的坎昆气候峰会，以及 2012 年各国（包括发展中国家）温室气体减排任务分配等议题，再次使全球聚焦新能源产业。[①] 其中，新能源汽车产业在美国和欧盟等主要发达国家和地区及大多数发展中国家日益受到重视，纷纷出台各种公共扶持政策，特别是自 2008 年的次贷危机爆发以来，各国政府制定多样化的财政及税收手段来培育和发展新能源汽车产业。[②]

党的十八大以来，以习近平同志为核心的党中央提出"能源革命"的战略思想，并在十九大报告中强调"构建市场导向的绿色技术创新体系，壮大节能环保产业"。[③] 为履行国际减排义务及实现我国能源安全战略目标，自 2010 年以来，我国不断加大对新能源汽车产业扶持力度。2010 年 5 月，财政部、科技部、工业和信息化部、国家发展改革委联合出台《关于开展私人购买新能源汽车补贴试点的通知》，[④] 确定在上海等 5 个城市启动私人购买新能源汽车补贴试点工作，同时正式执行《私人购买新能源汽车试点财政补助资金管理暂行办法》。[⑤] 2011 年 3 月出台的"十二五"规划中把新能源汽车列为战略性新兴产业之一，提出要重点发展插电式混合动力汽车、纯电动汽车和燃料电池汽车技术，开展插电式混合动力汽车、纯电动汽车研发及大规模商业化示范工程。[⑥] 2011 年 7 月，科技部出台《国

---

① Lau, L. C., Lee, K. T., and Mohamed, A. R. "Global Warming Mitigation and Renewable Energy Policy Development from the Kyoto Protocol to the Copenhagen Accord—A comment", *Renewable and Sustainable Energy Reviews*, 16 (7), (2012), pp. 5280 – 5284.

② 自 21 世纪初以来，全球主要汽车制造商开始研发并量产混合动力或纯电动汽车。见 Sierzchula, W., Bakker, S., Maat, K., van Wee, B., . "The competitive environment of electric vehicles: an analysis of prototype and production models", *Environmental Innovation and Societal Transitions* 2, (2012): pp. 49 – 65。

③ 习近平：《决胜全面建成小康社会，夺取新时代中国特色社会主义伟大胜利——在中国共产党第十九次全国代表大会上的报告》，http://news. xinhuanet. com/2017 – 10/27/c_1121867529. htm，2017 年 12 月 27 日。

④ 《关于开展私人购买新能源汽车补贴试点的通知》，财政部、科技部、工业和信息化部、国家发展改革委联合印发，http://www. gov. cn/gzdt/2010 – 06/04/content_ 1620735. htm，2018 年 1 月 2 日。

⑤ 《关于开展私人购买新能源汽车补贴试点的通知》，财政部、科技部、工业和信息化部、国家发展改革委联合印发，http://www. china. com. cn/policy/txt/2010 – 06/04/content_ 20187707. htm，2018 年 1 月 2 日。

⑥ 第十一届全国人民代表大会第四次会议：《国民经济和社会发展第十二个五年规划纲要》，http://www. gov. cn/2011lh/content_ 1825838. htm，2018 年 1 月 2 日。

家"十二五"科学和技术发展规划》①，表明中央政府再次肯定了新能源汽车的战略地位；规划中提出将全面实施"纯电驱动"技术转型战略，实施新能源汽车科技产业化工程。2012 年初，财政部、国家税务总局、工业和信息化部联合发布《关于节约能源 使用新能源车船税政策的通知》，对使用新能源的车辆，免征车船税。②同年 7 月，《节能与新能源汽车产业发展规划（2012—2020 年）》正式发布，规划针对中国新能源汽车发展现状及面临的形势，在技术路线、主要目标以及主要任务、保障措施等方面做出详细规定：预计到 2015 年，纯电动汽车和插电式混合动力汽车累计产销量力争达到 50 万辆；到 2020 年，纯电动汽车和插电式混合动力汽车生产能力达 200 辆、累计产销量超过 500 万辆，燃料电池汽车、车用氢能源产业与国际同步发展。③ 2015 年国务院在关于印发《中国制造 2025》中指出，未来我国要将节能与新能源汽车列为重点发展的十大领域之一。④ 2017 年上半年，国家共计出台汽车行业管理政策 7 项。其中，尤以《关于调整新能源汽车推广应用财政补贴政策的通知》《两部委关于完善汽车投资项目管理的意见》《乘用车企业平均燃料消耗量与新能源汽车积分并行管理办法》（征求意见稿）三项最为重要。可见，中央和地方政府在政策层面都全力支持发展新能源汽车产业。

（二）珠三角新能源汽车产业支持政策及成果

依据国务院 2012 年印发的《节能与新能源汽车产业发展规划

---

① 中国科学技术部：《国家"十二五"科学和技术发展规划》，http：//www. most. gov. cn/mostinfo/xinxifenlei/gjkjgh/201107/t20110713_ 88230. htm，2018 年 1 月 2 日。

② 财政部等四部门宣布自 2018 年 1 月 1 日至 2020 年 12 月 31 日，继续对新能源汽车免征车辆购置税。

③ 据中汽协数据，2016 年我国生产新能源汽车 51.7 万辆，其中生产新能源乘用车 34.5 万辆，增长 60.5%，生产新能源商用车 17.2 万辆，增长 36.8%。2016 年我国新能源车销量为 50.7 万辆，同比增长 53%。其中，新能源乘用车销售 33.6 万辆，增长 62.1%；新能源商用车销售 17 万辆，增长 37.7%。见《新能源汽车行业产业链 2016 总结报告》，http：//www. china-nengyuan. com/news/109879. html，2018 年 1 月 2 日。

④ 《中国制造 2025》，http：//www. gov. cn/zhuanti/2016/MadeinChina2025 - plan/mobile. htm，2018 年 1 月 2 日。

（2012—2020年）》①，国家四部委发文将珠三角地区纳入国家新能源汽车推广应用示范区域。为做好新能源汽车市场推广应用，经广东省省政府同意，省发展改革委、财政厅、经济和信息化委、科技厅等部门于2014年中旬联合印发《关于加快推进珠江三角洲地区新能源汽车推广应用的实施意见》，文件强调要不断完善政策措施，加快抢占未来汽车产业发展的制高点，使珠三角地区成为全国新能源汽车推广应用的重要示范区域。② 另据《广东省新能源汽车产业发展规划（2013—2020年）》显示，到2020年，广东要形成2~3个具备较强国际竞争力的新能源汽车产业集群。与其他省市相比，广东相关政策的出台相对更为及时全面，是第一个推出私人购车补贴方案的地方政府。③

　　受益于中央和地方产业支持政策，广东珠海市近年来大力发展新兴产业，积极引进新能源汽车生产线及其配套产业，涌现出一批具有良好发展前景的企业，从整车制造到电池、电机、电控等关键零部件和充电设备的产业规模已经初步形成。据统计，珠海已有十余家新能源汽车企业，并具备一定的整车生产能力。尤其在动力电池等关键技术方面，珠海一些企业已取得一定突破。其中，珠海银通公司研发的"空芯环型"结构锂离子电池，已通过国家级电池检测中心测试，具有完全自主知识产权，④ 有望成为全国最大的动力电池、储能电池生产基地。截至目前，银隆纯电动公交车已先后进入包头、邯郸、武安、永州、湛江、石家庄、齐齐哈尔、天津等全国数十个城市，助力各地打造城市绿色交通

---

① 国务院：《节能与新能源汽车产业发展规划（2012—2020年）》，http：//www.gov.cn/zwgk/2012-07/09/content_2179032.htm，2018年1月2日。

② 2017年2月广东省发改委、经信委、环保厅联合下发《广东省节能减排"十三五"规划》，提出到2020年，实现全省25万辆新能源汽车保有量，全省新能源公交车保有量占全部公交车比例超75%，其中纯电动公交车占比超65%，珠三角地区新能源公交车保有量占比超85%，其中电动公交车占比超75%，其中，深圳市于2018年、广州市于2019年、佛山市于2020年力争实现纯电动公交占比达100%。见广东省人民政府网，http：//www.gd.gov.cn/govpub/rdzt/ggjn/gzdt/201609/t20160926_238390.htm，2018年1月2日。

③ 《广东省新能源汽车产业发展规划（2013—2020年）》，http：//zwgk.gd.gov.cn/006939756/201401/t20140124_463574.html?keywords=%E6%B1%BD%E8%BD%A6%E8%A1%A5%E8%B4%B4，2018年1月2日。

④ 刘禹松、李湘：《打造中国新能源一流企业——专访珠海银通新能源有限公司副总裁杨永祥》，《储能科学与技术》2013年第1期，第76~77页。

新标杆。不仅如此，还成功进入美国、德国、荷兰、挪威、法国等国市场。①

二　欧美市场新能源汽车产业财税制度解读

过去几十年间，欧美等国政府从汽车技术变革和产业升级的战略出发，颁布多种优惠政策制度，积极促进本国新能源汽车工业发展。本文重点就欧美地区典型新能源汽车市场的财税制度做深入剖析并简要点评。

（一）美国新能源汽车产业财税政策：《2005 能源政策法案》

美国对新能源汽车的公共支持由来已久。1988 年，里根总统签署《替代汽车燃料法》，鼓励以甲醇、乙醇和天然气等燃料为动力的汽车生产。② 1990 年，布什总统签署《清洁空气修正法》，鼓励醇类、液化石油气和天然气等燃料生产；③ 2005 年，继续签署《2005 能源政策法案》（以下简称《法案》），通过减税措施促进可再生能源的开发利用，支持高能效汽车生产，减少对国外石化能源依赖。④ 同时，美国大部分州政府对乙醇等代用燃料征收的消费税低于汽油，或者直接对乙醇等代用燃料免征消费税，对乙醇生产企业给予不同程度的直接减税优惠。2004 年后，美国混合动力汽车进入商业化推广阶段；依据该《法案》，2007 年 5 月初，美国国内收入局规定消费者购买通用汽车、丰田、福特、日产等公司生产的混合动力车，符合零售业条件的，可依据不同排放等级享受税收抵免优惠。⑤ 同时提出根据燃油经济性和排放性追加优惠的措施，即对于混合动力乘用车和

①　滕冀：《寿命、安全、充电时间是用户的一把量尺 —— 探访银隆新能源武安、石家庄基地》，《人民公交》2016 年第 5 期，第 64 ~ 65 页。
②　Nemet, G and Baker, E., . "Demand subsidies versus R&D: comparing the uncertainimpacts of policy on a pre-commercial low-carbon energy technology", *Energy* 30 (4), (2009): pp. 49 - 80.
③　"US sends Clear Skies air plan to Congress" (Newswatch), *Power Economics*, (7), (2002): p. 5. http://blog.sina.com.cn/s/blog_7dec9c6701010kpf.html, accessed Dec. 26, 2017.
④　*The Energy Policy Act of 2005* (P. L. 109 - 58), (2010).
⑤　Keefe, R., Griffin, J. P., & Graham, J. D., "The benefits and costs of new fuels and engines for light-duty vehicles in the United States", *Risk Analysis*, 28 (5), (2008): pp. 1141 - 1154.

轻型卡车，除根据最大可用功率的百分比给予优惠外，还对达到一定燃油经济性的混合动力汽车追加优惠；对于混合动力重型车，为了提高其排放性，除按最大可用功率百分比确定减税额之外，还根据其车型年份增加相应的减税额。① 为降低汽车企业的生产成本和市场风险，各级政府还通过税收优惠与财政补贴对汽车和零部件生产商提供优惠贷款支持和税收减免；2009 年 8 月奥巴马政府还宣布拨款 24 亿美元用于补贴新型电动汽车及其电池零部件的研发。②

为推广新能源汽车的消费市场发展，《法案》还规定对消费者购买新代用燃料汽车（非改装）予以减税优惠，减税额度为同级别燃油车购买成本的 50%。③ 另外，消费者除可享受大额财政补贴外，还可享受抵税优惠。该法案用抵税优惠取代了过去"绿色能源使用补贴办法"，规定每家混合动力汽车厂商累计销量超过 6 万辆后，取消购车者税收优惠；累计销量达 3 万辆后，消费者享受 50% 减税优惠；累计销量超过 4.5 万辆，消费者仅享受 25% 的减税额。④ 以上消费市场的等级税收优惠设计目的在于引导各汽车生产商之间开展积极有效的市场销售竞争，以激励汽车生产商进行传统汽车产业升级。最后，为推动实现电动汽车的商业化运行，法案明确提出给予基础设施（充电站和维修站）建设投入企业和租用电动汽车的消费者以税收减免。

通过以上对美国新能源产业财税手段的解读发现，美国各级政府不对新能源汽车生产商进行任何形式的直接补贴，而是结合市场激励机制，针对前期研发环节，后期燃油供应、低碳汽车消费及产业配套服务等中下游

---

① Diamond, D., "Theimpactofgovernmentincentivesforhybrid-electric vehicles: evidence from US states, *Energy Policy*, 2009. 37, 972 – 983.

② Gholami, A., Ansari, J., Jamei, M., &Kazemi, A. "Environmental/economic dispatch incorporating renewable energy sources and plug-in vehicles", *IET Generation*, *Transmission & Distribution*, 8 (12), (2014): pp. 2183 – 2198.

③ Gholami, A., Ansari, J., Jamei, M., &Kazemi, A. "Environmental/economic dispatch incorporating renewable energy sources and plug-in vehicles", *IET Generation*, *Transmission & Distribution*, 8 (12), (2014): pp. 2183 – 2198.

④ Greene, D. L., Park, S., & Liu, C., "Analysis: Public policy and the transition to electric drive vehicles in the U. S.: The role of the zero, emission vehicles mandates", *Energy Strategy Reviews*, 5 (US energy independence: Present and emerging issues), (2014), pp. 66 – 77.

产业提供间接补贴，此做法有效提高了新能源产业的社会推广效应，减少了政府财政支持成本。

（二）欧盟地区新能源汽车财税支持政策：宏观科学布局与微观市场激励手段

　　欧洲是全球新能源产业发展的起源地和低碳经济的最早倡导者。[①] 在1970年，欧洲经济委员会对轻型汽油车排放污染物和曲轴箱污染物排放进行法律排放标准控制。1995年发表《欧盟能源政策绿皮书》，1997年公布《欧盟未来能源：可再生能源白皮书》，强调在能源结构中增加可再生能源的比例。[②] 2001年出台《发展可再生能源指令》，2003年颁发《生物燃料促进指令》和《欧盟氢能发展路线图》，逐步推广再生能源及生物燃料开发和应用。2005年，欧盟委员会公布《生物能源与生物燃料行动计划》，鼓励交通等多领域使用生物能源；[③] 2007年将氢燃料汽车列入欧盟的批准车型；2008年通过《关于发展新能源汽车的立法建议》，布局新能源汽车的发展路径；2010年公布《清洁能源和节能汽车欧洲战略》和《能源2020：有竞争力、可持续和确保安全的发展战略》，提出鼓励发展新能源汽车（以电动车为主）和节能汽车的战略；2011年发表《单一欧洲交通运输区路线图——发展具有竞争力、资源节约型运输体系》，提出到2050年，在欧洲城市交通中逐步淘汰使用石化燃料。[④] 为了实现上述减排及产业发展目标，欧盟委员会公布大量财政与税收优惠政策，加大对节能减排

① Zubaryeva, A., Thiel, C., Barbone, E. & Mercier, A., "Assessing factors for the identification of potential lead markets for electrified vehicles in Europe: expert opinion elicitation", *Technol. Forecast, Soc. Change*, 79, (2012): pp. 1622 – 1637.

② Jansen, J. C., Bakker, S., Egenhofer, C., & Hammes, J. J. "Revisiting EU Policy Options for Tackling Climate Change: A Social Cost-Benefit Analysis of GHG Emissions Reduction Strategies", *CEPS Paperbacks*. November 2006. .

③ Tolo'n-Becerra, A., Boli'var Lastra-Bravo, X., & Flores-Parra, I., "Territorial Distribution Proposal for the Biofuel Consumption Target in the Transportation Sector in Accordance with the EU Energy Policy for 2020", *Journal Of Energy Engineering*, 139 (4), (2013): pp. 253 – 265.

④ Maes, D. et al., "Assessment of the sustainability guidelines of EU Renewable Energy Directive: the case of biorefineries", *Journal of Cleaner Production*, 88 (Sustainable Development of Energy, Water and Environment Systems), (2015): pp. 61 – 70.

和新能源汽车的科研支持和国际合作，提高清洁能源汽车的市场占有率和消费者接受度。同时，欧盟各成员国也根据本国具体国情相继推出税收优惠措施，推动新能源汽车的开发和市场化。[①]

2010年，德国政府通过500亿欧元的经济刺激计划，大力支持电动汽车研发、充电站配套建设和可再生能源开发。[②] 该计划中纯电动和油电混合动力汽车成重点鼓励对象。德国政府希望借助这项计划能够让德国成为世界电动汽车市场的领军者。该计划重点支持研发电动汽车动力电池，为企业开发新电池技术、其他混合动力驱动技术和燃料电池技术提供低息贷款。另外，德国石油税收法中对汽车替代燃料实施税收优惠政策，到2010年时，每年税收补助将达到30亿欧元，到2020年将达到50亿欧元。[③] 2010年8月19日，德国颁布《国家电动汽车发展计划》，目标是到2020年使德国拥有100万辆电动汽车，到2030年拥有600万辆电动汽车。[④] 与美国市场财税制度不同的是，德国未对电动车消费提供任何形式的直接补贴，但德国在"电动汽车国家平台"提出，解决消费市场的瓶颈可通过政府采购计划来解决。[⑤] 德国将电动汽车列入公共和政府部门的采购指南，在全社会起到率先使用电动汽车的模范带头作用。[⑥]

---

① "Policy convergence：A conceptual framework based on lessons from renewable energy policies in the EU". （2015）.

② Bertsch, V., Hall, M., Weinhardt, C., &Fichtner, W., "Public acceptance and preferences related to renewable energy and grid expansion policy：Empirical insights for Germany", *Energy*, 114465, （2016）：p. 477.

③ Schwartz, E. I., "The German experiment：the government sets a premium price on solar and other alternative power sources, the policy offers lessons in ways to encourage the use of renewable energy", *Technology Review* （Cambridge, Mass.）, （4）. （2010）：p. 76.

④ Propfe, B., Kreyenberg, D., Wind, J., &Schmid, S. "Market penetration analysis of electric vehicles in the German passenger car market towards 2030", *International Journal of Hydrogen Energy*, （13）, （2013）：p. 5201.

⑤ Wolf-Peter, S., "Electric Vehicles in Imperfect Electricity Markets：A German Case Study", *Discussion Papers Of DIW Berlin* （2010）.

⑥ 胡其颖：《解读德国"国家电动交通工具发展计划"以及对我国新能源汽车政策的借鉴》，《可再生能源》2010年第5期，第150~153页。

英国[①]在 2008 年首次向"低碳汽车项目"提供 3 亿英镑融资，以支持新能源汽车的研发和生产。[②] 2007 年修改汽车保有税税制，在征收车辆保有税时，按单位距离二氧化碳排放量进行有区别的征税，低排量车辆优惠税率为零，高排量车辆到可达 30%；对于新购电动汽车，根据二氧化碳排放量分级征税，排放越少征税越少。2009 年，英国政府预算提供 10 亿英镑贷款，支持研制环保型汽车。在 2010 年度预算案中提出"绿色复苏"计划，重点推动普及电动汽车。为推动低碳环保汽车消费市场，英国气候变化委员会提出，到 2015 年推广使用 24 万辆各种类型的电动汽车，并对电动汽车进行补贴，在 2014 年前每辆车补贴 5000 英镑。[③] 同时，将投入 15 亿英镑的预算财政资金建设充电设施，作为配套项目，还启动了总额 3000 万英镑的充电站补助项目，又叫"插电区域"，首批城市包括伦敦、米尔顿等，未来三年三座城市间将建 11000 个充电桩，第二批城市于 2010 年底公布。英国交通部 2010 年 3 月发布私人购买纯电动汽车、插电式混合动力汽车和燃料电池汽车补贴细则，该项补贴于 2011 年 1 月起至 2014 年，期间总共安排 2.3 亿英镑，单车补贴额度大约为车辆推荐售价的 25%，但不超过 5000 英镑（7600 美元）。经过数年的政府投入，全英电动车充电桩已达到 11700 个，基本覆盖所有城市交通网点。[④]

总体而言，欧盟及其成员国制定新能源汽车产业财税制度的思路可概括如下：短期政府财税激励手段和长期科学规划对接，产业扶持项目细化与燃油市场表现结合；公共财政调配与政府采购模式互补；市场化激励机制与间接财政补贴融合。

---

① 英国于 2016 年 6 月完成退欧公投程序，但目前其所有经济产业政策及法规依然受欧盟影响和约束。

② Bunce, L., Harris, M., & Burgess, M., "Charge up then charge out? Drivers' perceptions and experiences of electric vehicles in the UK", *Transportation Research Part A: Policy and Practice*, (2014): p. 278.

③ Zenghelis, D. "A macroeconomic plan for a green recovery", Policy paper, Grantham Research Institute on Climate Change and the Environment, (2011).

④ Bokros, T., "Electric car charging: an opportunity for garden centres to exploit?", *Horticulture Week*, (2017): p. 10.

三　我国新能源汽车市场现状及补贴制度缺陷分析

（一）市场现状分析

与发达国家和地区相比，中国对新能源汽车产业的政府财政投入可谓"豪放"，但并未产生预期的产业规模和社会效益。在新能源汽车制造商及地方政府眼中，中央政府在供给侧的直接补贴无疑是一块廉价"馅饼"；制造商仅仅关注眼前短期利益，哪款车型容易申请到财政补贴，制造商就生产哪款车型；高额直接补贴导致制造商只要开工即可获利，无须考虑消费市场要素。更有甚者，不少制造商在销售环节弄虚作假，为获取补贴将新能源汽车转卖给关联公司，甚至拆下动力电池循环装配，再次销售，反复骗补。粗略估计，仅2015年两级财政补贴资金中至少有10亿多元被相关企业以各种方式套取。①

2010年《节能与新能源汽车产业发展规划（2012—2020年）》要求坚持政府引导与市场驱动相结合。在产业培育期，积极发挥规划引导和政策激励作用，聚集科技和产业资源，鼓励节能与新能源汽车的开发生产，引导市场消费。然而，各地政府相继投入到新能源汽车产业"大跃进"中，导致各地同业恶性竞争，资源内耗严重。国家863计划"节能与新能源汽车"重大项目监理咨询专家组组长王秉刚认为，"过去几年我国新能源汽车在一些技术上的进展并没有想象得快，就是因为投入过于分散，导致现在电池产业发展参差不齐，有些技术甚至很落后。"② 事实上，各级政府"迷恋"出台单一专项补贴资金，表面是为推动本地制造业升级，协助本地企业获得省级、国家资金，实际上是采用了金融市场的"杠杆效应"手段：即"国家财政补贴规模庞大，省级补贴又比市级补贴丰厚，各地市财政仅需调配少量公共财政资源即可带来大笔国家、省财政资源"。一位发改委系统负责节能与新能源汽车项目的人士称，这种状况导致的后果是一

---

① 章睿：《财政补贴不能让新能源汽车野蛮生长》，《上海企业》2016年第3期，第34页。
② 佚名：《展望中国节能与新能源汽车的未来——访国家863"节能与新能源汽车"重大项目监理咨询专家组组长王秉刚》，《汽车与安全》2011年第12期，第30~31页。

拥而上，某些地方和企业根本就不具备产业发展条件。① 笔者认为，导致以上现象的主要原因与传统的单一财税直接补贴缺陷密不可分。

从实际生产与销售结构看（截至本文发稿），我国有新能源汽车制造商 169 家，33 万辆的销量平均到每个企业的头上的单体销量只有 1953 辆，其中不排除只有百辆甚至几十辆单体销量的制造商，而对比之下，截至 2012 年底，日本仅混合动力车的销量已经接近 80 万辆之多，② 由此突显出我国新能源汽车销售市场的病症以及制造商规模经济效益低下的尴尬局面。不仅如此，在国内新能源汽车市场占比中，属于开发成本低、技术含量低、价格低的小微电动车占去 66% 的份额，而需要投入大量研发力度且需通过全新平台生产的高技术含量全新电动车占比则不到 20%，整个新能源汽车市场"劣币驱逐良币"的趋势十分明显。③ 笔者以为，如果未来不改变目前单一低效率的补贴制度，新能源汽车会重演光伏产业的悲剧。④ 我们必须承认，国家对新能源汽车采取大力财政支持的目的在于通过扶持新能源汽车产业达到加快燃油替代，减少汽车尾气排放，促进节能减排和国家能源安全。但据新华信公司对新能源购买者的调查显示，近八成购车者选择新能源汽车的前两大决定因素是牌照优惠和政府补贴，而节能环保这一核心要素却排在末尾。⑤ 以上市场现象说明目前我国新能源汽车产业补贴制度忽略产业消费市场环节，公共财政支持并未提高公众对低碳汽车产品的认知度和接受度。

由于地方制造商紧盯财政补贴，将所有资源集中在产能开发与车型加工上，必要的技术研发和产业升级投入被忽视。具体而言，整车品质如操控性、安全性、环保性等方面与国外产品相比差距甚远；关键零部件方面，作为新能源汽车核心的动力电池能量密度，日本比我国平均水平要高

---

① 周开平：《地方扶持新能源背后 - 集体静候政策性补贴》，《21 世纪经济报道》2012 年 8 月 15 日，第 022 版。

② 蔡学晶、徐萍萍、闵梦云：《日本新能源汽车发展及对我国的启示》，《上海企业》2013 年第 12 期，第 77～80 页。

③ 苏静：《混合动力"良币驱逐劣币"》，《运输经理世界》2013 年第 5 期，第 106～107 页。

④ Zhang, S., & He, Y., "Analysis on the development and policy of solar PV power in Chin", *Renewable and Sustainable Energy Reviews*, 21, (2013): pp. 393 - 401.

⑤ 章睿：《财政补贴不能让新能源汽车野蛮生长》，《上海企业专家视角 - 观察》2016 年 3 月，第 35 页。

出 30% ~ 40%，充电次数也是中国的几倍。同时，我国驱动电机控制器功率密度较国际水平也低 30% ~ 40%①，电容、开关器件、芯片和传感器等所谓的"电池管理系统"关键零部件主要依赖进口，多数新能源汽车生产平台架构依然依赖传统燃料汽车模式。有业内人士坦言，目前国内动力电池制造商普遍无核心技术，新能源汽车生产基本停留在改装或装配水平。②据相关业内报道，补贴政策引发地方政府纷纷投入汽车电池项目，有些公司前期并无技术基础和研发能力，从电池厂家挖走若干技术人员便开始研发电池并投产。恶性竞争导致企业自身无技术突破，优秀电池制造商技术人才流失。深圳一名较早投身新能源汽车的研究者直言，目前市面上销售的新能源汽车，大多是国家补贴的结果，而非产业技术升级所致。同时也有国内媒体报道，目前我国共有 208 款电动汽车进入汽车新产品公告，其中有 73 款混合动力汽车、126 款纯电动汽车和 9 款燃料电池汽车。然而，进入公告的 208 款车型，实际产量不到 1 万台，且大部分在示范实验阶段。另外，为保护本地企业，避免与其他地区制造商产生市场竞争格局，地方政府出台的补贴政策区域化现象严重，而两级财政尤其是中央财政补贴更使得本地制造商沉迷补贴的温床，不思进取，怠于研发投入。③

　　许多地方政府对纯电动车型敞开怀抱，但对新能源汽车的维修、保养、二手车交易等下游产业配套服务的补贴往往积极性不高。由于中央与地方财政补贴基本投放在整车销售上，新能源汽车所必需的充电基础设施领域却并没有得到必要的公共财政支持，以致充电桩、充电站等建设项目开工明显不足。统计显示，目前我国公共充电桩仅 4 万个，要满足 2020 年超过 500 万辆电动汽车的充电需求，未来每年将需建设至少 96 万个充电桩，缺口非常巨大。④ 配套服务的缺失导致多地出现生产和销量"冰火两

---

① 刘钧等：《电动汽车用高功率密度电机控制器研发》，《电力电子技术》2011 年第 45 (12) 期，第 14 ~ 16 页。
② 《新能源汽车：公共交通先普及基础研究重视度不足》，《经济参考报》2012 年 9 月 10 日。
③ 回顾过去政府主导的产业案例，笔者发现，类似的产业政策不少，政府简单奉行的"吃补贴"政策使得企业安于现状，毫无产业升级动力。笔者以为，这种老旧政策，对整个产业链而言，既无法扩大国内需求，也无法提升供给侧企业核心技术。
④ 佚名：《国家新规划：2020 年充电桩将达 450 万个》，《磁性元件与电源》2015 年第 3 期，第 55 页。

重天"的巨大反差，大众消费者担心基础配套设施不完善所以不敢轻易下手。①

（二）补贴政策缺陷分析

中国为推动新能源汽车产业发展，出台了大量配套支持政策，但仍存在着许多不足。主要表现在，虽然中央和地方出台相关财税支持政策，但落实到新能源汽车产业发展上，缺乏具体的实施措施，不同政策相互之间衔接融合性差，导致中央到地方政府各层次的补贴对新能源汽车市场的供给和需求环节出现各种问题。

目前各级政府主要是对生产企业提供补贴，为示范城市提供奖励，多使用财政现金补贴，较少用到税收优惠、财政投融资、优惠信贷、直接投资和其他市场激励措施。政府对于新能源汽车在后期使用过程中的市场减排表现往往忽视。并且，目前的补贴制度对核心零部件动力总成配套电池技术等制造企业研发环节等无严格要求，导致某些具有市场竞争力的制造商在"补贴乱象"的政策环境下逐渐失去市场竞争优势，其后果是国产新能源汽车核心零部件对外依赖度过高。最后，由于不同地区财税政策不同，地域补贴不公平现象导致某些制造商享受政策优势，同时，大量中央财政只补贴少数示范城市，未涉及全国其他地区。

由于新能源汽车前期研发成本高，企业很难短期实现产业规模效应，反映在消费端即是目前市场售价相对较高。虽然国家为鼓励消费者购买出台了补贴政策，在一定程度上降低了消费者购车成本，但补贴后的新能源汽车价格仍然偏高。此外，消费者还要面临新能源汽车使用成本及维护成本问题，包括购置税、保险、停车费、燃料费（电费）、维修折旧费、二手车交易等在内的项目。新能源汽车虽然在节约燃料费上具有优势，但与传统石化燃料汽车相比不具有优势，特别是后期维护成本的不规范性进一步阻碍市场推广。目前关于开展私人购买新能源汽车补贴试点，只是对消费者购买汽车时，给予生产企业予以生产性补贴，对于下游消费者的各项用车成本目前无配套的税费激励。

---

① 江克宜、王波：《电动汽车充电市场利益相关方责任》，《中国电力企业管理》2010 年第 21 期，第 65 ~ 66 页。

目前的直接补贴模式对于新能源汽车产业的外部市场表现缺乏绩效机制，补贴过程中的全程、实时监管与政策配套评估机制也不完善，使公共财政资源投入效果大为降低。政策执行中仅仅重视财政补贴划拨，忽略财政补贴的实效监管。各地方示范城市从当地利益出发而不顾产品质量，优先采购本地制造商产品，使得新能源汽车产业制造商在地方保护主义的阴影下上演"自产自销"的把戏。新能源汽车产业虽需要政府引导，但由于目前国内补贴政策非基于产业及技术标准化的评估指标，只要供给侧补贴政策停止，新能源车市场销售便立即陷入停顿状态。在政策断档期内，新能源汽车的销量几乎为零。

最后，对于基础设施（如充电站）的技术研发未得到政策支持；补贴方面，迄今为止绝大部分的补贴政策皆集中在购买环节，尚未有对建设充电站及服务企业进行补贴的政策；技术标准的制定方面，目前已制定的技术标准尚未形成体系，且新能源汽车相关基础设施方面的技术标准尚未推出。电动汽车大规模商业化推广，需要电池工业和电网、基础设施等方面的支持，但由于研发和生产成本偏高，电池的价格令消费者望而生畏。此外，电池的安全性、使用寿命也是制约电动汽车产业化发展的关键因素，而中国目前还缺乏专门针对降低电池购买和使用成本的激励政策。

四　政策建议：市场化机制与多样化财税制度相结合

鉴于以上分析，本文建议，我国未来新能源汽车产业财税支持政策设计应以市场化机制为基础，提高政府财政资源分配效率，改变目前财税支持以产业供给侧为重的制度模式，完善新能源汽车供给侧和需求侧的多样化市场激励制度。[①]

[①] 习近平主席在2016年6月曾指出，放弃需求侧谈供给侧或放弃供给侧谈需求侧都是片面的，二者不是非此即彼、一去一存的替代关系，而是要相互配合、协调推进。我们说的供给侧结构性改革，既强调供给又关注需求，既突出发展社会生产力又注重完善生产关系，既发挥市场在资源配置中的决定性作用又更好发挥政府作用，既着眼当前又立足长远。改革的内涵是增强供给结构对需求变化的适应性和灵活性，不断让新的需求催生新的供给，让新的供给创造新的需求，在互相推动中实现经济发展；见王子晖《要弄明白供给侧改革，习近平这两次讲话必学》，http://news.xinhuanet.com/politics/2016-06/01/c_1118966953.htm，2017年12月31日。

（一）完善消费市场的间接补贴制度

改变以往单一运用直接补贴鼓励购买新能源汽车的做法，注重消费市场激励要素和间接补贴政策的组合应用。如除目前针对新能源汽车购买者一次性补贴和抵税的优惠外，还可以适当减免新能源汽车的过路和过桥费。对于符合国家标准的新能源汽车，全额免征销售环节设置的相关税收；取消所有消费者购买环节设置的车辆购置税以及使用环节设置的税费。同时，进一步科学细化消费环节的财税支持手段，可对购买新能源汽车的企业和个人消费者予以规定额度的直接补贴，并对其取得的补贴收入免征企业所得税和个人所得税；或者对使用新能源汽车的消费者按照行驶里程数给予一定比例个人所得税退税。对于使用新能源汽车从事出租车经营业务的企业，其运营收入可优惠一定比例计算缴纳增值税；对于二手新能源汽车的交易与流通，全程免征所有税费。适时开征环境保护税，对汽油、柴油等高耗能、高污染的传统能源汽车课以重税，调整现行的消费税政策，提高大排气量汽车的税率，降低小排气量汽车税率，对节能减排效果明显的新能源汽车实施零税率，帮助提高新能源汽车的销售量和使用量。最后，建议全国各地逐步扩大新能源汽车财政补贴和税收优惠政策适用的地域范围，各地区公平对待。打破省内新能源汽车示范试点机制，破解地方市场的保护主义壁垒；尤其加大农村地区或偏远省市的补贴力度。

（二）加大政府采购力度

政府采购作为一种市场化的间接补贴形式，其优势在于补贴效果比直接补贴更具较好市场效益，增加市场新能源汽车份额，带动相关配套网络建设；最关键的一点是，较大规模的政府采购可提高企业的规模经济效益，并可明显降低企业的生产成本，并最终惠及私家车消费者。我国应当加大政府公务车采购新能源汽车的力度，发挥政府采购的市场导向作用。全国目前公务用车数目较多，每年消耗经费较大，政府汽车采购每年递增的速度较慢，新能源汽车占政府采购总量的比例不高。因此，政府采购公务车拥有巨大的市场空间，新购公务车应优先购买节能环保型汽车和清洁能源汽车，未来各级政府应当把新能源汽车列入政府采购清单，不仅要采购新能源出租车和公交客车，而且要把新能源轿车纳入公务用车的采购清单中，全面清理针对新能源汽车的市场地位歧视政策，带头采购、使用新能源汽车。同时，我们也要加紧修改完善目前政府采购制度的缺陷，通过政府财政消费培育各汽车企业在销售市场中的竞争机制。

（三）激励技术创新

政府应采取灵活的财税制度以鼓励企业自行研发、掌握乃至突破新能源的核心技术和关键技术，改善燃料经济性。应允许技术型企业的研究开发投入、外购机器、设备支出等作为进项税额参与抵扣，允许其研究开发成果在转让时开具增值税专用发票，以参与下一环节的增值税扣除。准予企业为研发、生产纯电动乘用车、插电式混合动力乘用车、混合动力商用车、燃料电池汽车等新能源汽车所购置的机器设备在企业所得税中加速折旧，鼓励汽车生产企业淘汰落后产能，加快关键技术设备改造更新。在引进技术方面，对于从国外购买的技术版权、专利权等无形资产，准予在企业所得税前加速摊销，支持汽车生产企业和技术研发企业引进先进技术用于新能源产品和服务创新，推进汽车新能源技术和节能技术集成创新和引进消化吸收再创新。

（四）利用税收制度催生配套产业发展

依据欧美市场经验，新能源汽车市场的有效推广与健全的配套公共充电设备密不可分。[①] 鉴于我国目前新能源汽车配套网络建设落后的局面，各地区应根据新能源汽车产业化进程积极推进充电（气）设施建设，对于新能源汽车中加油充（换）电（气）综合服务站、充（换）电（气）站供电解决方案、充电桩、充电机、车载充电技术、连接器、电缆等新能源汽车基础建设项目的所得，予以一定期限的税收减免，对于相关亏损企业采取灵活的财税激励制度；同时为推动新能源汽车的全面使用和普及，政

---

① Peterson, S. B., & Michalek, J. J., "Cost-effectiveness of plug-in hybrid electric vehicle battery capacity and charging infrastructure investment for reducing US gasoline consumption", *Energy Policy*, 52 (Special Section: Transition Pathways to a Low Carbon Economy), (2013): pp. 429 – 438.

府应设计以间接补贴为主的财税制度以支持从事新能源汽车售后服务以及电池、燃气装置等设备的回收利用等相关企业。在相关配套设施发展环节中，政府尤其要注重鼓励支持充电设施建设，可鼓励民间资本与政府资本以 PPP 形式为消费市场提供充电服务建设和运营；采取多种形式的产权激励制度在城市人口密集网点开展充电设施建设。

（五）财税制度与市场化投融资手段结合

政府应当设计合理的财政贴息、担保等市场化的扶持机制，一方面对新能源汽车关键零部件产业化项目提供风险担保，另一方面对示范类项目给予贴息和建成后的投融资激励支持，保证新技术或项目的开发者筹集到足够资金开展技术研发和项目运作，避免因项目风险大、投资回收期长等制约因素阻碍新能源汽车项目的投产和盈利预期。在银行信贷和担保方面，应对一定期限的利息收入给予减免，鼓励金融机构针对列入国家规划重点支持的新能源汽车企业提供长期贷款业务；针对融资规模较大、项目较多的新能源汽车及关键配套企业提供银团贷款业务；针对处于产业集群或产业链中的配套企业提供联保联贷业务。同时，鉴于共享单车的成功经验，各级政府应当出台鼓励企业兴办共享新能源汽车的投融资支持政策，鼓励开展融资租赁等多种形式的市场化手段。在共享新能源汽车业务的运营初期，政府应当大力减免相关企业税费，以保证相关企业的经济收益，并最终实现共享经济的社会效益。

参考文献

史忠良：《新编产业经济学》，中国社会科学出版社，2007。

陈柳钦：《新能源汽车产业发展的政策支持》，《甘肃行政学院学报》2010 年第 3 期。

胡适、蔡厚清：《我国新能源汽车发展现状、问题及对策探讨》，《武汉金融》2014 年第 4 期。

程广宇：《国外新能源汽车产业政策分析及启示》，《中国科技投资》2010 年第 5 期。

王祖德：《由国内新能源汽车热引发的思考》，《汽车工业研究》2010年第5期。

邢洪金、陈士俊：《新能源与中国汽车产业发展》，《宏观经济管理》2009年第5期。

胡登峰、王丽萍：《论中国新能源汽车产业创新体系建设》，《软科学》2010年第2期。

李大元：《低碳经济背景下中国新能源汽车产业发展的对策研究》，《经济纵横》2011第2期。

路春城、黄志刚：《关于新能源汽车消费的税收政策分析》，《税务研究》2011年第5期。

马春梅：《国外新能源汽车发展分析与启示》，《科学管理研究》2011年第5期。

张芳：《促进中国新能源汽车市场推广的对策》，《经济纵横》2011年第12期。

安海彦：《中国新能源汽车产业政策解读及对策建议》，《科技管理研究》2012年第10期。

王秀杰、陈轶嵩、徐建全：《中国新能源汽车产业化发展问题及对策研究》，《科技管理研究》2012年第11期。

李传喜：《进一步促进新能源汽车产业发展的财税政策探析》，《生产力研究》2014年第2期。

陈衍泰等：《基于二阶段的新能源汽车产业支持政策评价》，《科研管理》2013年第S1期。

刘坚、高世宪：《新能源汽车发展的主要障碍与政策建议》，《宏观经济管理》2014年第2期。

宋晓晶：《完善财税政策推动中国新能源产业发展》，《生态经济》2013年第6期。

符贵兴：《结构调整中的新能源汽车产业政策创新》，《科技进步与对策》2013年第20期。

李晶、李施雨：《新能源汽车产业税收政策的国际借鉴与措施》，《税务研究》2013年第10期。

Al-Alawi, B. M., & Bradley, T. H., "Review of hybrid, plug-in hybrid, and electric vehicle market modeling studies", *Renewable SustainableEnergy Rev.* 21, (2013): pp. 190 – 203.

Hao, H. et al., "Hybrid modeling of China's vehicle ownership and projection through 2050", *Energy*, 36, (2011): pp. 1351 – 1361.

Huo, et al, "Projection of energy use and green house gas emissions by motor vehicles in China: policy options and impacts", *Energy Policy*, 43, (2012): pp. 37 – 48.

Hofmeister, B., "Electric vehicle charging infrastructure: Navigating choices regarding regulation, subsidy, and competition in complex regulatory environment", *George Washington Journal of Energy and Environmental Law*, 5 (1), (2014): pp. 42 – 71.

Peterson, S. B., & Michalek, J. J., "Cost-effectiveness of plug-in hybridelectric vehicle battery capacity and charging infrastructure investment for reducing US gasoline consumption", *Energy Policy*, 52, (2013): pp. 429 – 438.

Proff, H. , & Kilian, D. (Eds.), "Competitiveness of the EU automotive industry in electric vehicles", *University of Duisburg-Essen*, (2012).

Sjoerd Bakker, Jan Jacob, "Trip Policy options to support the adoption of electric vehicles in the urban environment", *Transportation Research Part* D 25, (2013): pp. 18 – 23.

Yang, C. -J. , "Launching strategy for electric vehicles: lessons from China and Taiwan", *Technol. Forecasting Soc. Change*, 77, (2010): pp. 831 – 834.

Zheng, J. , Mehndiratta, S. , Guo, J. Y. , &Liu, Z. "Strategic policies and demonstration program of electric vehicle in China", *Transport Policy*, 1917 – 2, (2012).

Market Mechanism and Government Subsidy: Review on China's New Energy Vehicle Industry Finance and Taxation Policy

Hu Yong

Abstract: By investigating the status quo of China's finance and taxation policy for the new energy vehicle industry and interpreting the corresponding solutions in major Western developed countries, with an focus on specific problems within the current finance and taxation policy framework, the paper finds low efficiency in the public funding schemes. The paper suggests that in designing China's future finance and taxation supporting policy in new energy vehicle industry, market mechanism should be the main concern and government play the subsidiary, and that the financial resources should be used in a more efficient way and market incentives should be diversified and improved on both supply-side and demand-side.

Keywords: New Energy Vehicle; Finance and Taxation Policy; Government Subsidy; Market Mechanism

信息时代组织结构扁平化冲击的挑战与机遇

刘霄渐*

【摘要】被称为第三次浪潮的信息时代的到来，促成和推动了组织结构扁平化。在迅猛的企业扁平化转型过程中，高效率的生产力激励着生产关系的急剧转变。不仅工业企业的组织、业务、管理等面临新的商业模式、新的战略抉择，大规模突然出现的新的个人行为和组织行为以及新的社会现象，也会对整个社会造成深刻的影响。由于组织结构扁平化减少了中间环节、去中介化，高速度、高效率的生产方式进一步降低代理成本，其直接后果是中层管理岗位大量消失，失去工作或失去晋升机会的担忧可能损伤员工的归属感。扁平化带来的新的生产关系和社会问题是不容忽视的。

【关键词】企业管理　信息时代　扁平化　岗位动态管理

被称为第三次浪潮的信息社会与前两次浪潮的农业社会和工业社会最大的区别，就是不再以体能和机械能为主，而是以可以低成本大规模复制的智能为主导。在信息时代，信息传播速度快，信息量增大，技术含量增大，复杂性增加，虚拟组织出现。在信息时代的转型中，生产力迅猛发展促成生产方式、传播速度加快各种突变。不仅工业企业的组织、业务、管理等面临新的商业模式、新的战略的抉择，大规模组织结构扁平化导致人们在生产中的新的行为和新的价值观转移，从而形成社会问题的压力，必

* 刘霄渐，留德计算机信息学博士，曾任北京师范大学珠海分校商学院特聘教授，主要研究方向为管理信息系统。

须及时采取应对方案和行动。

组织结构扁平化是一个值得研究的典型问题。扁平化是信息时代迎合企业降低代理成本的需求出现的，信息技术提供了全新的生产方式的可行性。去中介化、减少中间环节，快速且高效率地迅速普及到企业和社会的各个层面。同时扁平化带来的企业减员，促生新的生产关系、新的价值观，并引发社会问题，是不容忽视的严峻挑战。

一　信息时代的生产方式的变化

当今方兴未艾的信息化大趋势，代表着先进生产力。随着农业时代和工业时代的衰落，人类社会正在向信息时代过渡，跨进第三次浪潮文明，其社会形态是由工业社会发展到信息社会。第三次浪潮的信息社会与前两次浪潮的农业社会和工业社会最大的区别，就是不再以体能和机械能为主，而是以智能为主。以知识大爆炸为特征的信息化时代是指当前以信息技术为主导，应用计算机及相关通信设备传送处理分析数据信息，由信息产生价值的时代。按照托夫勒①在《第三次浪潮》中的观点，信息化就是信息革命，即从工业时代到信息时代的转换过程，不是缓慢的信息化发展，逐渐完成时代交替过程，而是爆发式的、冲击性的。历史时代的划分通常以最具代表性的生产工具来命名，如石器时代、青铜时代、铁器时代、蒸汽机时代、电气机械时代等。而引发生产方式乃至生产关系变革的时代交替过程，被称为时代浪潮。人类历史经历了农业革命的浪潮、工业革命的浪潮。从 20 世纪 50 年代中期起，以计算机和通信网络为特征的信息技术，以其制作、加工和开发知识特征属性，引导我们从电气时代走向了信息时代。

关于信息化时代的特征，即社会未来的发展趋势，劳顿②归结为五大

① 阿尔文·托夫勒（Alvin Toffler），世界著名未来学家，未来三部曲《未来的冲击》《第三次浪潮》《权力的转移》的作者。

② 肯尼斯 C. 劳顿，纽约大学斯特恩商学院信息系统教授，著有 12 本著作，涉及电子商务、信息系统、组织和社会，发表了 40 多篇关于信息系统与多媒体技术应用于社会、组织、管理方面的文章。

范畴：互联网与传统技术的融合，企业组织结构的转型，全球经济一体化，基于知识和信息的经济体系，虚拟经济。信息技术的发展，为人类与自然和谐发展创造了有利条件。

第一，互联网与传统技术的融合，即"互联网＋"，与物联网的概念近似。人们认识到，在工业时代物质和能量的转换过程中，信息传递的控制作用是物质和能量转换过程的关键；在信息时代，社会活动各个领域，政府、企业商业及个人生活，都是以信息的获取、加工、传递和分配为基础。

第二，企业组织结构的转型。信息时代，之所以被称为信息革命，不仅仅是因为电子计算机的发明与广泛应用，信息时代的生产方式对既有的社会秩序形成变革性的挑战。在这个以知识创新为社会发展主要动力的时代，拥有专业知识和技术职能的社会阶层逐渐成为职业主体，而社会经济结构从以产业经济为主逐渐转为以服务性行业为主。显而易见，这个信息化转换阶段蕴藏着巨大的风险和机遇。

劳顿①把组织结构的转型分析为五个方面的影响和变化：组织结构扁平化，分散化，交易成本低廉化，职权下放，团队协同作业工作模式。本文将着重讨论组织结构扁平化的问题。

第三，全球经济一体化。广义的全球经济一体化即世界经济一体化，指世界各国经济之间彼此相互开放，形成相互联系、相互依赖的有机体。狭义的全球经济一体化，即地区经济一体化，指区域内两个或两个以上国家或地区，在一个由政府授权组成的并具有超国家性的共同机构下，通过制定统一的对内对外经济政策、财政与金融政策等，消除国别之间阻碍经济贸易发展的障碍，实现区域内互利互惠、协调发展和资源优化配置，最终形成一个政治经济高度协调统一的有机体的这一过程②。信息化能够以更快更便捷的方式获得和传递信息，使得整个世界共享人类创造的科学技术和文明成果。互联网提供给人类非常有效的交往手段，促进全球各国人们之间的交往和对话，增进相互理解，有利于人类的共同繁荣。在经济范畴，毫无疑问，全球经济一体化，意味着全球化的资源，全球化的市场，

① 肯尼斯 C. 劳顿：《管理信息系统》（第 9 版），中国人民大学出版社，2012，第 54 页。
② "全球经济一体化"，http：//baike. so. com/doc/6688121 - 6902024. html，2018 年 1 月 2 日。

全球化的合作与竞争。

第四，基于知识和信息的经济体系，知识经济是建立在知识的生产、分配和使用（消费）之上的经济。知识经济是以知识为基础的经济，是一种新型的富有生命力的经济形态；工业化、信息化和知识化是现代化发展的三个阶段；创新是知识经济发展的动力，教育、文化和研究开发是知识经济的先导产业，教育和研究开发是知识经济时代最主要的部门，知识和高素质的人力资源是最为重要的资源[①]。

在信息时代，知识经济将取代工业经济成为时代的主流，人类社会的发展将更加倚重人的知识和智能、科学技术、管理及行为科学知识。二十一世纪之所以是人才竞争的世纪，正是由于知识经济的特别属性。

第五，数字化虚拟经济。著名经济学家成思危认为："虚拟经济是指与虚拟资本以金融系统为主要依托的循环运动有关的经济活动，简单地说就是直接以钱生钱的活动"。现在，在信息时代，虚拟经济有了更为广泛的含义：虚拟经济就是原材料和产品都是信息的新经济，或称之为网络经济[②]，包括电子商务、数字公司、虚拟社区等。

突现的新虚拟经济产业，催生了新的经济学，新的生产模式、商业模式，也催生了人们在经济活动中的新的行为，以及新的价值观。

简而言之，计算机和互联网的出现，把信息对整个社会的影响提高到了一种绝对重要的地位。信息化是人类社会从工业化阶段发展到一个以信息为标志的新阶段；信息化是建立在计算机技术和数字化技术等先进技术的基础上的。

托夫勒认为，世界正处于新旧时代的交替之中，信息时代已经来临，但工业社会的规模经济还存在，没落的体力劳动和先进的脑力劳动共存。信息量和信息传播、信息处理的速度，以及应用信息的程度等都以几何级数的方式在增长。信息时代的新技术、新理念正在从根本上改变我们的社会经济生活。之所以说"根本上"，是我们不能只看到机遇而忽视信息化革命带来的冲击和风险。

---

① "知识经济"，http://wiki.mbalib.com/wiki/%E7%9F%A5%E8%AF%86%E7%BB%8F%E6%B5%8E，2018年1月2日。

② 虚拟经济在英文中应是 virtual economy，与虚假经济（fictitious economy）是不同的概念。

二　组织结构扁平化的机遇和挑战

组织架构是由人员组成的，通常以相对稳定的、层状的结构，体现着生产中人与人之间的关系。这种关系，包含了授权的上下级关系、职能方面的分工合作关系及利益分配关系。组织架构体现了一个企业的文化、效率、价值观和最终目标。随着生产方式、产品类型、加工处理流程的改变及其他原因，组织架构会有相应的调整。

关于组织结构的研究方面，代理成本或更具体的管理成本，是个重要的研究主题。管理成本不属于生产成本，不能直接带来生产利润。企业都希望降低这部分"代理成本"从而增强市场竞争力。企业管理信息化促成的组织架构扁平化，能够降低这部分代理成本。因而，企业主具有推动机构扁平化的动机。总之，信息时代的组织结构扁平化是由社会组织的本质属性所决定的，在经济管理学中代理成本理论对其有完整的描述。

信息时代的 IT 技术推动着组织结构扁平化在各行各业的逐步完善。组织结构扁平化是一个过程。

对于一个企业来说，组织结构扁平化是指通过减少企业组织内部的管理层级、压缩职能部门和机构、裁减冗员，使企业的决策层和操作层之间的中间管理层级尽可能减少，形成较以前的组织结构更为扁平的组织结构。尽管仍然是金字塔状的组织结构，但与传统企业管理模式不同，扁平的组织结构决策和管理流程的信息化能使企业快速地将决策信息传送至企业生产、营销的第一线，提高企业效率，降低管理成本。

对于一个行业供应链来说，组织结构扁平化是指去中介化。效果是降低管理成本，目的都是企业利益最大化。

组织结构扁平化不仅降低了代理成本，提高工作效率，增强竞争力，获取利益最大化，还为企业处理诸多难以解决的问题和长期形成的矛盾提供了机会。管理层次的简化、管理幅度的增加，促使权力下放，重塑企业文化，提高生产和管理的效率。

组织结构扁平化不仅意味着机遇，也意味着冲击和风险。不妨逆向思考分析：别的企业进行了结构扁平化改革，我们的企业就是不变会怎

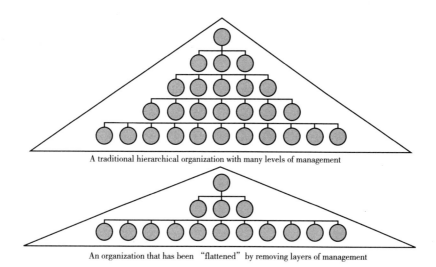

A traditional hierarchical organization with many levels of management

An organization that has been "flattened" by removing layers of management

图 1　企业结构扁平化

资料来源：肯尼斯 C. 劳顿：《管理信息系统》（第 9 版），中国人民大学出版社，2012，第 145 页。

样？代理成本高会导致我们企业的竞争劣势，如果我们在竞争力的其他因素方面下功夫，如差异化、特权化、垄断化，结果会怎么样？如果不进行扁平化改革或许会获得短暂的内部平稳优势，但也会面临人浮于事、绩效评估混乱等问题，最终导致员工关系紧张。

（一）组织结构扁平化的优势和机遇

信息时代的组织结构扁平化是一个企业转型的必然过程。

组织结构扁平化带来的优势是显而易见的，除了降低代理成本外，组织通过减少管理层次、压缩职能机构及裁减人员，使组织的决策层和操作层之间的中间管理层变少、决策权下放，从而提高企业效率，扁平化无疑增强了组织快速反应的能力。

组织结构扁平化为企业转型提供了宝贵的机遇：企业利用组织结构扁平化的过程重建以职能为主导的组织结构，重组网络化协同作业的管理流程以实现自动化或半自动化，建立更具竞争力的产品利润分配及薪酬制度，建塑以知识技术人才为核心的管理干部团队及符合新知识经济的企业文化。企业通过提供给员工更多决策参与的空间，提高员工的创造力和团队凝聚力。

通过决策权下放，提高员工积极性。人都有社会需求，期望发挥自己潜力、充分地表现个人的能力。建立较为分权的决策参与制度，适当分配具有挑战性的任务，可以满足员工自我实现的需要。组织结构扁平化后，决策权力下放，减少了处理异常事件在决策过程中的时间和空间上的延迟。而分权化组织结构将一定的决策权授予较低层级组织成员，可以提高员工的参与感和自主性，有利于激发员工的积极性，减少员工对扁平化管理的抵制。

借助先进的计算机技术和管理信息系统，企业的信息共享程度大大提高，使得企业管理的职能得到最大程度的发挥。扁平化的组织结构能够对瞬息万变的市场环境做出快速反应和迅速决策以保持企业的竞争优势。

简而言之，通过信息化推动企业的组织结构扁平化，可以实现企业的流程重组，提高企业的生产管理效率和增强企业的功能，重塑企业文化，构建基于知识的生产、分配和使用（消费）的知识经济管理体系。

（二）信息时代组织机构扁平化带来的风险与挑战

扁平化组织结构有其弊端，扁平化转型过程也带有一定的风险。组织结构扁平化过程带来的风险可分为组织内部风险和组织外部风险，后者也被称为社会风险。

1. 组织结构扁平化的内部风险

（1）员工对组织结构扁平化的抵制风险。员工在企业就职的目的，与企业利益最大化的目标可能不一致。如果提高生产效率意味着员工必须增加工作量，学习新知识、新工序，承担绩效考评压力甚至被裁员，员工可能会产生对变革的抵触情绪。

（2）对企业文化价值观的冲击。受到扁平化过程形成的裁员威胁的，大多是中层管理人员。他们当中，有的是因工作突出而得到提拔，有的是创业的艰苦时期共同奋斗的同事，有的对传统业务有着丰富的经验。得到提升是他们努力工作的重要目标之一。他们也是企业成功的利益分享者。在没有工作过错的情况下被裁员，是与传统的社会道德观相悖的。其他员工也会缺乏安全感，不知所措。但如果不做扁平化转型，企业会因为低效的竞争力而被淘汰。

（3）对管理人员的素质、技能、经验和知识的超常要求。在扁平化转型阶段，企业实施组织结构调整，引入计算机管理信息系统，业务流程重组，会出现许多新事件新问题，要求管理人员具备跨专业知识，强而快的学习能力，及承受超负荷工作量的能力。

另外，扁平化组织结构本身也有一定的弊端：管理跨度大，工作强度高，部门业务交叉多，要求员工决策能力强。组织结构扁平化后，管理层减少了，但各个部门的职能并没有减少，即单位人员的有效管理的内容增加了。因此，管理业务失误的风险增大了。各管理部门相互依赖性随跨部门流程的增加而增加，领导在各部门之间的协调工作量也大幅度增加。

组织结构扁平化减少了管理层次，减少了晋升岗位和机会。晋升机会是员工非常看重的因素。这会影响企业员工的安全需要、归属感的需要。造成人才流失风险。而且越来越激烈的晋升竞争会严重冲击健康的企业文化。另外，扁平化的组织结构，由于管理跨度大，工作强度高，决策过程复杂，通常要求具有较高素质、有技能的员工。如何留住这类员工是扁平化组织面临的挑战。

2. 组织结构扁平化过程的外部风险

企业的外部风险，就是企业在组织结构扁平化过程中对于周边环境和社会造成的影响。组织结构扁平化具有增强企业核心竞争力和市场竞争力的意义。所以企业不甘其后，有条件的都争取早日实现扁平化转型，以降低代理成本。

（1）被裁人员的去向。许多员工已经近四十岁，离开熟悉的工作岗位，在人才市场的竞争力会受到限制。人们会倾向于"稳定的"工作岗位，涌向事业单位和公务员岗位。

（2）有些非市场竞争类单位可能因为种种原因逆势而上，增加管理层次，增加管理中介。这将造成人浮于事，人事关系复杂，矛盾重重，会对组织文化，乃至社会价值观造成重大破坏。

（3）权力下放的风险尤为突出。如果职员的知识、技能或相应的职业道德不能达到工作岗位的职能要求，授之于决策权是有高风险的，再加上相应的监管规章制度的缺失，其后果是难以估算的。这种现象常见于偏重式的人才观，即以某一种技能授权，而忽视了岗位职能要求的其他能力或品德的条件。

（4）去中介化与再中介化。去中介化的过程一般是取消实现中介职能的企业或公司，以计算机网络取代并完成其功能。在扁平化过程中，产生了许多新的商业模式、管理模式，有相当多的新情况、新问题出现。许多不必要的中介机构会大量出现。

如前所述，企业的组织利益分为短期利益与长远利益。利益最大化是企业组织扁平化的动力。对于事业单位或政府机关来说组织结构扁平化的过程就可能比较复杂。

三　扁平化组织结构的工程化建设

企业管理信息化最直接的效果就是组织结构扁平化。管理信息系统（MIS）是实现企业管理信息化的理论学科。企业的管理信息化即企业的管理信息系统的建设，不仅仅是计算机和网络，同时也与组织行为、管理水平密不可分。

基于计算机系统和网络平台的企业管理信息系统，在很大程度上可以解决组织结构扁平化的过程中出现的管理难题。实现企业的组织结构扁平化是一个工程。

1. 统一思想是基础

在组织扁平化的过程中，要突破传统文化和传统管理理论，接受先进的现代文化和管理理论，进行管理创新。如果企业决策层遇到关键问题时思想不能统一，造成管理过程中反应迟缓，规则矛盾，就会导致转型失败。转型方案确定之后，坚决地执行，果断地应对都离不开领导决策层的统一思想这个基础。

2. 职能是关键因素

准确定义划分每个岗位的职能（或称岗位责任制），以职能的重新划分为主导实施组织机构扁平化。以职能为基础，完善绩效评估方式和标准，设计利益的再分配及薪酬系统。企业经历长时间的成熟期的磨合，得以形成现有的职能划分利益分配的稳态。新的职能划分必须以重塑的生产流程、事务处理流程为基准。企业业务流程的重组应能更清晰地界定职能范围、定义生产执行者在交互中的物资流及信息流，规范其职能范围的行为，从而减少矛盾的产生。

3. 通过培训、换岗位留住人才，减少员工的抵触情绪

应运而生的继续教育、可转换、技能培训都是人力资源建设方面的可行方案。知识经济的环境里，员工的知识和技能是企业的主要载体。终身学习成为企业文化的一部分。组织内的知识共享系统，提供员工充分的专业信息与知识，能够进行员工之间的专业沟通。当然也不应完全否定淘汰机制，经多次换岗、培训仍不能实现岗位职能的，可以协助其重新进行职业规划。

4. 适度分权与集权

组织扁平化后，权力重心下移。这个时期的授权应当适度。以员工的专业能力和岗位的职能要求作为分权的评估依据，并且必须建立定期评估检查的机制。职权下放的确可以增强员工的参与感和自主性，能够激发员工的积极性，并且减少员工对扁平化管理的抵制。但是不能迎合。

5. 建立畅通而广泛的反馈渠道

反馈概念是系统论的一个基本的科学概念，为维持系统的稳定性，反馈环节是不可或缺的。同样的，企业和其他社会组织作为一个系统，尤其是调节和转型中的组织系统，畅通的反馈渠道和快速准确的应对预案是必不可少的。

6. 组织或聘请有经验、有知识的智囊或咨询公司

智囊或精英中心的组织形式可以追溯到百年前就存在的军事参谋部门。智慧人才的紧缺及高效率快速应对的需求，使得这一组织形式在现代企业广为采用。聘请有经验的团队是信息的低成本再应用的典型范例，也是通过知识/信息共享的形式，降低企业成本的理想领域。

四　综述

综上所述，信息时代的到来，传统经济的信息化，是一个蕴藏着巨大的风险和机遇的转换阶段。社会经济结构从以产业经济为主逐渐转为以服务性行业为主。组织结构扁平化是计算机网络时代的产物。代理成本理论证明了组织结构扁平化的发展趋势。组织结构扁平化造成中层管理岗位的大量消失。在扁平化的现代组织里，具备专业知识和技术职能的员工是企业的主体。

组织结构扁平化过程是一个工程，不仅需要考虑企业所面临的外部环境，同时更要分析组织是否真正做好了技术、人才和心理的准备。管理信息系统的观点和方案为建设扁平化的组织提供了可行的设计蓝图。

参考文献

肯尼斯 C. 劳顿、简 P. 劳顿：《管理信息系统》，黄丽华等译，机械工业出版社，2015。

阿尔文·托夫勒：《第三次浪潮》，中信出版社，1980。

胡雄飞：《企业组织结构研究》，立信会计出版社，1996。

李树、蒲勇健：《论企业组织结构的扁平化》，《商业研究》2001 年第 7 期。

陈军、徐国涛：《关于"扁平化管理"的思辨》，《中国冶金报》2004 年 9 月 28 日。

陈兴淋、陈烨：《浅析扁平化组织结构的风险》，《商业时代》2006 年第 34 期。

于业娟、徐璐：《企业发展中实行扁平化管理模式的风险及对策》，《现代商业》2009 年第 8 期。

吴声凤：《信息时代的企业组织结构变革》，《贵阳学院学报》（自然科学版）2008 年第 1 期。

侯玉兰：《论建设服务型政府：内涵及意义》，《理论前沿》2003 年第 23 期。

林志扬、林泉：《企业组织结构扁平化变革策略探析》，《经济管理》2008 年第 2 期。

The Challenges and Opportunities from the Impact of Organization Flattening in the Information Age

Liu Xiaojian

Abstract：The advent of the information age facilitated the flattening of organizational structures and global economic integration. In the rapid transformation and development, productivity stimulates the sharp mutation of production relations. Organizations, businesses and management are faced with new business models and new strategies. Also, new individual and organizational behaviors and new social phenomena which appeared suddenly in large scale, have a profound impact on society. The intermediate or mid-level management is removed due to fattening organization structures. Agent cost, as a result, is further reduced through high-speed and high-efficiency approaches of production. The immediate consequence is the disappearance of a large number of middle management positions, which may damage the loyalty of employees. New production relationship built and new social problems caused during the process of organization flattening should be taken care of seriously.

Keywords: Enterprise Management; Information Age; Organization Flattening; Post Dynamic Management

宣传思想文化工作的法治化建设研究

杨　丹　郭建华　刘洁琼*

【摘要】本文以法治建设为研究视角，以宣传思想文化工作为研究对象，将宣传思想文化工作纳入法治建设的视阈之中，分析当前宣传思想文化工作领域法治化建设的现状，明晰在该领域进行法治化建设的重要意义，提出了宣传思想文化工作的法治化、规范化问题。本文认为，新形势下宣传思想文化工作所面临的新挑战，涵盖"一个认识问题"和"四个攻坚领域"。文章强调，必须以坚持党的领导为重点，解决好法治化进程中的方向问题；必须以狠抓队伍建设为重点，解决好法治化进程中的主体问题；必须以完善法律法规为重点，解决好法治化进程中的依据问题；必须以加强社会引导为重点，解决好法治化进程中的环境问题。

【关键词】宣传工作　法治化　依法治国

一　宣传思想文化工作法治化的内涵和意义

党的十八届四中全会提出，"依法治国是党领导人民治理国家的基本方略，法治是治国理政的基本方式"。《中共中央关于全面推进依法治国若干重大问题的决定》（以下简称《决定》）的出台，引领我国法治建设进入了一个新的历史时期。社会各个组织、各条战线以及个人都应积极将全面推进依法治国落实到当前进行的各项事业与工作中去，其中包括对宣传思

---

* 杨丹，暨南大学人文学院教授，研究方向为经济犯罪、刑法学、法律实证；郭建华，广东省珠海市互联网信息办公室副主任；刘洁琼，广东省珠海市金湾区委宣传部副部长、金湾区社科联主席。

想文化工作的规范和管理。作为党和国家全局工作的重要组成部分，宣传思想文化工作法治化建设，要积极贯彻依法治国的理念，大力倡导和弘扬法治价值，善于运用法治思维、法治方式开展宣传思想文化工作，推动宣传思想文化工作步入法治化轨道，促进法治理念在全社会的最终普及和落实。

（一）法治的内涵

"法律是治国之重器，良法是善治之前提。"① 所谓法治，是指一国制定了良好的、完备的法律法规体系，且在实践中得到人们的尊重和遵守。具体而言，法治包括：完备的法律规范体系、高效的法治实施体系、严密的法治监督体系、有力的法治保障体系。

我国 1999 年修改《中华人民共和国宪法》，在第五条增加了一款，"中华人民共和国实行依法治国，建设社会主义法治国家。"把法治作为治国理政的基本方式既是在总结我国几千年治国历史经验，也是在总结新中国成立以来的治国经验，更是在总结人类历史经验的基础上，所得出的深刻结论。世界政治文明史和制度文明史反复证明，依法治国、把法治作为治国理政的基本方式是保证国家长治久安，保证社会可持续发展，保证人民幸福和尊严的必由之路。

2012 年 12 月 4 日，习总书记出席纪念现行宪法公布施行 30 周年大会，并通过重要讲话强调依法（宪）治国的重要性，提出了"坚持依法治国、依法执政、依法行政，共同推进，坚持法治国家、法治政府、法治社会一体建设"，② 实现科学立法、严格执法、公正司法、全民守法，促进国家治理体系和治理能力现代化。

把法治作为治国理政的基本方式，就必须"弘扬社会主义法治精神，依照人民代表大会及其常委会以及有关机关制定的法律法规来展开和推进国家各项事业和各项工作，保证人民平等参与、平等发展权利，维护社会

---

① 《中共中央关于全面推进依法治国若干重大问题的决定》，2014 年 10 月 23 日中国共产党第十八届中央委员会第四次全体会议通过。

② 习近平：《在首都各界纪念现行宪法公布施行 30 周年大会上的讲话》，《人民日报》2012年 12 月 4 日，第 2 版。

公平正义，尊重和保障人权，实现国家各项工作法治化"。① 宣传思想文化工作，正是其中的重要组成部分。

（二）宣传思想文化工作法治化的内涵及意义

在宣传思想文化工作的基础建设中，法治建设是其中的重中之重，是实现宣传思想文化工作规范化、科学化的基石，是保证宣传思想文化工作稳定性、连续性的根本。

1. 宣传思想文化工作法治化的内涵

（1）在全社会树立现代的法治价值观

宣传思想文化工作塑造的是人的思想、精神和价值观。法治价值是基于对法律的信仰，从法律的角度得出对某一事物的判断和看法，既体现了社会的文明和人的思想文化素质的发展程度，也关系到社会的长治久安，法治作为一种重要价值首次明确纳入了社会主义核心价值体系之中，构成了宣传思想文化工作要努力实现和巩固的价值目标。② 这不仅标志着法治理念从一种治国方略具体内化为一个社会内在价值观的追求，而且标志着宣传思想文化工作价值目标选择的自觉和成熟。"法治"的语言是一种更为实用、更为通行的文化语言，社会成员内部、不同的国家和民族之间，更容易在遵守法律和维护法律权威方面取得一致。法治作为一种更为现代的价值观，其确立是现代社会成熟、定型的重要标志。宣传思想文化工作致力于塑造现代的法治价值观，巩固人们共同的法治思想基础，这是其价值目标发展的客观趋势。

（2）在法治的轨道内运行

宣传思想文化工作在全社会倡导和实现法治价值，应当以法治的思维、在法治的轨道、以法治的方式展开。

第一，宣传思想文化工作应当坚持法治思维。法治思维，就是心中有法，树立法律观念、强化法律意识，始终把"法"放在心上，真诚地尊重法律、信仰法律、敬畏法律，自觉地把法律作为处理各种问题的准则。新

① 习近平：《在庆祝全国人民代表大会成立60周年大会上的讲话》，《人民日报》2014年9月6日，第2版。
② 张效廉：《提高宣传思想文化工作法制化水平》，《党建》2014年第10期。

闻、理论、文艺、出版等活动，必须在实践工作中建立有利于实现法治思维的工作机制，消除与法治思维相悖的落后、腐朽的思维方式，认识到确立法治思维就是从根本上尊重和维护最广大人民的权利，维护真正的社会公平和正义。

第二，思想宣传文化工作应当在法治的轨道展开。宣传思想文化工作者及其各项活动都必须在宪法和法律的范围内活动，做到有法可依、有法必依。宣传思想文化工作各种活动事项、行为、权利、义务、责任等，应在法律上进行全面、清晰的界定、区分和梳理，使各项工作制度化、法律化，推进法律实施进程；对正在实施的宣传思想文化工作方面的法律要结合实践情况进行完善和补充，使之更加缜密完整；对于目前还没有法律调整的宣传思想文化领域的一些行为，要加快立法步伐，防止法律空白。

第三，宣传思想文化工作应当以法治的方式展开。宣传思想文化工作的手段必须同时符合程序正义和实体正义，善于运用法律原则、法律制度对各种手段的运用进行规范化、程序化，善于将各种行之有效的经验上升为法律法规，善于将党和政府的各种政策、主张变为国家的意志，使依法办事与执行党和政府的政策一致，使程序正义和实体正义一致，彰显法治精神。

2. 宣传思想文化工作法治化的意义

在我国改革进入攻坚期和深水区、社会稳定进入风险期、社会发展步入两个"百年目标"阶段，国家治理进入制度现代化阶段，宣传思想文化法治化具有如下意义：

（1）经济、社会发展的需要

在经济、社会发生巨大变革的转型期，各种新老问题相互交织，使得深化改革、推动发展、维护稳定的重任更加紧迫。如何在推动发展的过程中有效保持社会稳定，如何在深化改革的过程中顺利实现社会转型，始终是当前中国社会面临的一个核心问题。宣传思想文化工作要着眼于倡导社会主义法治价值观，弘扬法治精神，提高人的法治思维，完善人的法治人格，增强人们运用法律武器观察问题、分析问题、解决问题的能力，最终达到深化改革、维护稳定、围绕中心、服务大局的目的。

（2）意识形态领域斗争的需要

当前社会舆论呈现多元多样多变的发展态势，各种观点、思想竞相呈现，各种主义、思潮迭出不穷，舆论多元化带来了社会的活力、激发了社会想象力。但是，没有原则的舆论自由也容易引起社会撕裂，分散社会凝聚力。特别是网络谣言、极端思想和腐朽的价值观的流传和泛滥，不仅毒害人们的心灵，也危及国家和社会的稳定。在新的环境下，宣传思想文化工作必须寻求观念创新、手段创新，善于多元中立主导、多样中立共识，特别要善于运用法治的手段，划定舆论边界、规定舆论底线，用法治手段统一人们的思想，因为法治的手段相比于其他手段，在统一思想方面最大的优势是"以事实为依据、以法律为准绳"，因而更经得起实践检验、符合公众认知。

（3）工作方式、方法创新的需要

重视和实现宣传思想文化工作的法治价值，提高全社会的法治精神、法治思维，反过来促进宣传思想文化工作者自觉运用法治思维审视自身工作，自觉运用法治方式开展工作，不断提高宣传思想文化工作的理论水平，在实践中形成一套系统完备、科学规范、运行有效的制度体系，增强文化自觉、文化自信，不断提高宣传思想文化工作者的制度执行力和治理能力，使宣传思想文化工作更趋成熟、定型。

二 宣传思想文化工作法治化建设的实践

宣传思想文化工作主要是指宣传思想文化工作的主体通过媒介、载体、平台等渠道传播相关信息给受众（客体）的所有活动。多数国家都高度重视宣传思想文化工作的法治化建设，但因国情不同，其具体表现形式有异。总体来讲，各国关于规范宣传思想文化工作的法律几乎涉及所有法律门类，除了在宪法中做原则性规定以外，还辐射到民事、刑事、行政、经济等具体法律部门。

（一）国际层面相关情况

各国主要是通过以下几个途径来实现宣传思想文化工作领域的法治化。

1. 通过宪法、法律来规范思想文化宣传工作

宪法（constitution）是近代民主法制的标志，是国家的根本法，或者被称为最高法、基本法。公民的言论、出版、新闻等表达自由的权利都由宪法加以规定，属于宪法上的基本权利。法律（law）是以特定领域的社会关系为调整对象，采取特定调整手段的规范，主要的部门法有民法、刑法、行政法和诉讼法等。

2. 制定独立的媒介传播法来专门调整宣传思想文化工作领域

世界上大多数国家制定有专门的媒介传播法，各国都把宪法相关规定作为媒介传播法的最重要的渊源，是各自国家的媒介传播活动根本性的法律规范。据分析，各国关于媒介的专门法大致可以分为两类：一类是系统规定新闻事业的基本法律，即确定新闻机构的性质、任务和具体职责，明确新闻事业与政府、社会和公民个人的关系。新闻法为新闻自由提供了法律保障，同时也从法律上对新闻自由给予一定的制约（例如法国 1881 年的《出版自由法》，防止媒介权力滥用）。另一类是着重规范和管理不同类型媒介活动的规范性文件，如出版法（报刊法）、广播法、电视法等。这类法律性文件主要是调整国家的行政机关与新闻媒介之间的管理和被管理的关系，有的由立法机构如议会制定，有的则由主管行政机关制定。新闻传播活动不仅要遵守这些专门法，同样也必须遵守相关一般法，专门法也可以补充一般法的不足。

3. 以国际条约和国际惯例作为宣传思想文化法治化的补充

各国还注意利用国际条约、惯例作为相关法治的补充。《世界人权宣言》、①《公民权利和政治权利国际公约》② 等著名国际人权公约以及各区域的人权公约中关于保障公民表达自由等基本人权的规定，为各签约国所遵守。《伯尔尼保护文学和艺术作品公约》③ 等国际版权公约在保障传播活动中的著作权人权益、促进信息和文化交流有序化方面发挥着十分重要的作用。随着新科技的发展和国际联系的日益频繁密切，国际法作为新闻传播法渊源在相关法治建设中的作用将越来越凸显。

---

① 1948 年 12 月 10 日，联合国大会通过第 217A（II）号决议并颁布。
② 1966 年 12 月 16 日，联合国大会通过第 2200A（XXI）号决议并颁布。
③ 1886 年 9 月 9 日，世界知识产权组织制定。

（二）国内层面相关情况

在我国，宣传思想文化工作的法治化主要通过宪法、法律、行政法规、规章、地方性法规、民族自治地方的自治条例和单行条例以及我国参加或与外国缔结的国际条约和国际惯例等同宣传思想文化工作密切相关的许多法律、法规来实现。具体体现在如下方面：

1. 以宪法、法律和行政法规为主导来实现宣传思想文化工作的法治化

在国家层面实现相关法治首先是宪法。宪法是国家的根本大法，是制定普通法律的法律基础，是我国法律体系的基石。我国现行《中华人民共和国宪法》的主要内容，如关于我国的社会制度和政治制度的基本规定、公民的基本权利等，都指导和制约着新闻传播活动，新闻传播活动从内容到方式均不得同《中华人民共和国宪法》基本内容和基本精神发生抵触。其次是法律，狭义的法律特指由全国人民代表大会及其常务委员会制定、颁布的规范性文件，分为基本法律和基本法律以外的其他法律。包括：刑事、民事、国家机构和其他调整社会生活中重大社会关系的基本原则和基本制度的法律。部门法对大众传播活动中相关问题进行了规制，例如，《中华人民共和国侵权责任法》规定了媒体侵权的构成和民事责任，《中华人民共和国刑法》规定了网络传播谣言行为的犯罪成立要件和法定刑等。最后是行政法规，即国务院根据宪法和法律制定的领导和管理国家各项行政工作的各类规范性文件的总称，其效力和地位低于宪法和法律，但在我国法律体系中也具有重要的地位。行政法规必须由国务院总理签署国务院令公布。调整思想文化宣传工作的行政法规主要包括三类，第一类是管理各类媒介的专门行政法规。如，《音像制品管理条例》①、《电影管理条例》②、《出版管理条例》③、《印刷业管理条例》④ 等，

---

① 2001 年 12 月 25 日中华人民共和国国务院令第 341 号公布，根据 2011 年 3 月 19 日《国务院关于修改〈音像制品管理条例〉的决定》第一次修订，根据 2013 年 12 月 7 日《国务院关于修改部分行政法规的决定》第二次修订，根据 2016 年 2 月 6 日《国务院关于修改部分行政法规的决定》第三次修订。

② 2001 年 12 月 25 日中华人民共和国国务院令第 342 号公布。

③ 2001 年 12 月 25 日中华人民共和国国务院令第 343 号公布。

④ 2001 年 8 月 2 日中华人民共和国国务院令第 315 号公布。

这是我国目前传媒管理的主要规范。第二类是对新闻传播活动中的某一具体事项进行单项管理的行政法规。如，《广播电视设施保护条例》①、《卫星电视广播地面接收设施管理规定》② 等。第三类是其他行政法规中与新闻传播活动有关的规定。例如，国务院制定发布《中华人民共和国政府信息公开条例》③，就政府公开信息的内容、方式、限制以及公民申请公开的程序和救济途径等做了全面规定，对保障公民知情权、规范相关新闻传播活动产生有益的影响。

2. 以规章和地方性法规为基础来实现宣传思想文化工作的法治化

在地方层面，应从以下方面加强相关法治：

（1）规章，包括部门规章和地方政府规章。部门规章是指中华人民共和国国务院所属部委和具有行政管理职能的直属机构，根据法律和国务院的行政法规、决定、命令，在本部门的权限范围内制定的规定、办法、实施细则、规则等规范性文件。第一，对行政法规所管理的大众传媒再分类制定管理规则。例如，《出版管理条例》④ 是管理出版物媒介的，新闻出版总署又公布《期刊出版管理规定》⑤ 和《报纸出版管理规定》⑥ 分别就期刊和报纸的管理做了规定。第二，对法律、行政法规有关规定再制定操作性的细则。例如，在国务院发布的《广播电视管理条例》⑦、《广播电视设施保护条例》⑧ 基础上，国家新闻出版广电总局制定了更加详细和具体的操作性细则——《广播电视安全播出管理规定》⑨。第三，对法律、行政法规未涉及的具体事项制定规则。例如，国务院2004年发布《对确需保留的行政审批项目设定行政许可的决定》⑩，将新闻记者证纳入行政许可的项

---

① 2000年11月5日中华人民共和国国务院令第295号公布。
② 1993年10月5日中华人民共和国国务院令第129号公布。
③ 2007年4月5日中华人民共和国国务院令第492号公布。
④ 2001年12月25日中华人民共和国国务院令第343号公布。
⑤ 2005年9月30日中华人民共和国新闻出版总署令第31号公布。
⑥ 2005年9月30日中华人民共和国新闻出版总署令第32号公布。
⑦ 1997年8月11日中华人民共和国国务院令第228号发布，根据2013年12月7日《国务院关于修改部分行政法规的决定》修订。
⑧ 2000年11月5日中华人民共和国国务院令第295号公布。
⑨ 2009年12月16日国家广播电影电视总局令第62号公布，根据2016年5月4日《关于修改部分规章的决定》修订。
⑩ 2004年6月29日中华人民共和国国务院令第412号公布。

目，国家新闻出版广电总局制定了《新闻记者证管理办法》。①

地方政府规章是指省、自治区、直辖市和较大的市的政府，根据法律、行政法规和本地的地方性法规所制定的规范性文件。这些地方性规章中与新闻传播活动有关的内容，也是我国新闻传播法的渊源。例如，广州、上海、成都、武汉、杭州等地先后制定了关于政府信息公开的相关规定，大多数规章都明确把"保障公民知情权"作为指导原则，成为2007年《中华人民共和国政府信息公开条例》的先导。

（2）地方性法规、自治条例和单行条例。地方性法规是由省、自治区、直辖市以及省、自治区人民政府所在地的市和经国务院批准的较大的市的人民代表大会及其常务委员会根据本行政区域的具体情况和实际需要，在不与宪法、法律、行政法规相抵触的前提下按法定程序所制定的规范性文件。例如，《河北省新闻工作管理条例》②，是唯一以新闻管理为名的地方性法规。

（3）以积极参与国际合作为新探索来实现相关法治。在国际层面为实现相关法治主要表现为：我国同外国缔结或参加的国际条约中与新闻传播活动有关的规定、我国已加入的《世界版权公约》和《伯尔尼保护文学和艺术作品公约》等。

（4）有关政策、纪律和职业道德是法治化建设的有益补充。宣传思想文化工作，是在人的头脑里搞建设的工作，建设的是思想、精神、价值观，其最终要实现的价值体现在人们的头脑里树立了什么样的思想、精神和价值观。由于法律只能规范行为，不可能规范思想，只能禁止那些危害国家安全和社会公共秩序、侵犯公民合法权益等具有社会危害性言论的公开传播，不可能也不应当去涉及意识形态领域的是非、优劣，因此，在宣传思想文化领域的各种社会关系中，有的可以用法律规范来调整，还有大量的则需要党的政策、指示、行业纪律和职业道德来调整。在我国，《中华人民共和国宪法》明确规定了中国共产党在国家生活中的地位，指明宣

---

① 2009年8月24日中华人民共和国新闻出版总署令第44号公布。
② 1996年9月11日河北省第八届人民代表大会常务委员会第二十二次会议通过，根据2002年11月25日河北省第九届人民代表大会常务委员会第三十次会议《关于修改〈河北省新闻工作管理条例〉的决定》修正。

传思想文化工作必须坚持党的领导。因此，在长期的工作中，我们坚持"党管宣传"的原则不动摇，党委及其宣传部门不仅直接实施对宣传思想文化事业的政治领导，而且也代行政府管理部门的行政管理职权。这也成为我国宣传思想工作的显著特色。

三　宣传思想文化工作法治化建设进程中需要解决的问题

认清新形势下宣传思想文化工作所面临的新挑战，查摆当前宣传思想文化工作中存在的迫切问题，是研究和探讨推进宣传思想文化工作法治化不可缺少的环节，经过认真梳理，笔者将其概括为"一个认识问题"和"四个攻坚领域"。

（一）"一个认识问题"是厘清法治与党的政策、纪律的关系问题

《决定》指出，坚持依法治国首先要坚持依宪治国，坚持依法执政首先要坚持依宪执政。现行宪法规定，任何组织或者个人都不得有超越宪法和法律的特权。那么，党的政策与法律是否冲突？是政策、纪律在前，还是一切以法律为准绳。

事实上，这是一个伪命题，把党的领导与依法治国对立起来是错误的。我国法律本身就是党的路线方针政策的法律化、制度化，即使是宣传纪律和职业道德规范，也都离不开党的政策的指导。新中国成立之后，长期的做法是党的方针政策一旦形成，无需法律化就可以直接执行，但这既不利于维护国家法治的权威，也不利于党的政策的执行。因此，近年来，党的执政方式的一大转变就是凡属重大的政策都要法律化，法治逐渐成为党治国理政的主要方式。

可见，党的政策是法律的灵魂和基础。严格依法办事、依法行政、依法司法，就是在执行党的相关政策。通过立法程序，由人民选出的代表反映人民的意见和建议，把人民的意志与党的意志融合在一起，通过法律的形式和载体表达出来，真正实现了党的领导、人民当家作主和依法治国的有机统一。

宣传思想文化工作是意识形态工作的重要渠道和手段，处于极其重要的战略地位，是党的一项极其重要的工作，关乎旗帜、关乎道路、关乎国家政治安全。因此，推进宣传思想文化工作法治化，不仅要走出法大还是党大、宪大还是党大的认识误区，而且还要将两者有机结合起来，强化党管宣传思想文化工作法治化建设的领导地位。认清"四个全面"战略布局中全面从严治党和全面依法治国的关系，不仅是固树立党的领导是中国特色社会主义法治建设之魂，更是宣传思想文化工作法治化建设之魂。

（二）"四个攻坚领域"需要重点关注和解决

当前，改革进入攻坚期，各类热点问题相互叠加，各种利益矛盾日益复杂，各类思想纵横交错。随着互联网、手机、微信、微博等新媒体和新的传播渠道的广泛使用，传播社会正能量、引领社会思潮的难度加大。与此不相适应的是，宣传思想文化工作中还存在不少突出的问题。

1. 工作理念陈旧亟待扭转改变

主要表现在部分宣传思想工作的管理者、从业者法治意识淡薄，甚至还停留在认为用一道行政命令、用一篇权威社论、用领导人的一个表态就可以统一思想的陈旧观念上。以最常见的新闻媒体舆论监督为例，媒体开展舆论监督是代表人民行使监督权，是法律赋予的基本权利。但在一些领导眼里，媒体只能当吹鼓手，不能当批评者，这使媒体开展舆论监督缺乏有力的保障，监督乏力；一些领导则担心媒体开展舆论监督或公开批评，会造成人心动荡，影响社会稳定；一些领导甚至认为舆论监督，尤其是新闻批评，会有损党和政府的形象，是给党和政府抹黑，会带来严重的负面影响。这是典型没有正确认识到宪法、法律和政策、纪律的关系，因而在实际开展工作中产生偏差。

2. 法律法规缺位亟待制定完善

主要表现在新闻媒体管理等重要领域，还存在一定的法律缺位。《决定》出台之后，宣传思想文化工作领域广受关注但多年来一直未有实质性进展的新闻立法，再次成为焦点。学界、业界都认为，应抓住这一空前契机加速推进新闻立法，规范新闻媒体和新闻工作者行为，保障新闻媒体和新闻工作者权利。必须强调的是，新闻立法不是单方面赋予媒体或新闻工作者采访、报道、评论等权利，并最大程度地限制行政部门制定涉及新闻事业的规章制度或文件，也应明确其承担的义务，避免滥用权力，防止新闻敲诈、媒体审判等问题的发生。

新闻敲诈和"媒体审判"是目前新闻行业中较为常见的违法现象。自2013年以来，国家新闻出版广电总局查处了多家报纸涉及的严重新闻敲诈案件，为了坚决遏制新闻敲诈现象的再次发生、进一步规范新闻传播秩序与促进行业健康发展，2014年3月，中宣部等九部门联合印发通知，决定在全国范围内开展打击新闻敲诈和假新闻的专项行动，但目前来看，新闻敲诈现象依然存在。比如，《新快报》记者陈永洲涉嫌有偿新闻、《21世纪经济报》发行人沈灏涉嫌敲诈等案例，给我国新闻事业蒙上了一层阴影。

3. 新兴领域监管乏力亟待稳固加强

主要表现在互联网、手机终端等新兴领域，还存在监管不到位的问题。互联网，特别是移动互联网的兴起，对信息传播所产生的革命性改变已无须赘言，但与网络越来越强大的传播功能相比，我们对互联网和移动终端的监管显然有些跟不上，致使网络杂乱、无序的一面依然存在。目前，互联网领域最高位阶的法律文件是全国人大常委会2000年发布的《关于维护互联网安全的决定》和2012年的《关于加强网络信息保护的决定》。其中，2012年的文件包括保护公民个人电子信息安全、治理垃圾电子信息、网络身份管理以及对有关部门的监管等内容。随着博客、微博等自媒体影响力增强，2011年12月，北京市率先制定并发布了《北京市微博客发展管理若干规定》，规定注册微博账号，制作、复制、发布、传播信息内容的，应当使用真实身份信息，开创了"网络实名制"先河。2012年，"网络实名制"得到全国人大常委会通过，成为一项前置条件。这些举措，对规范网络信息传播起到了一定的作用。

与此相呼应，2013年5月，国家互联网信息办部署在全国范围内开展为期两个月的规范互联网新闻信息传播秩序专项行动，重点整治新闻来源标注不规范、编发虚假失实报道、恶意篡改新闻标题、冒用新闻机构名义编发新闻等违规行为，依法查处和关闭了一批造谣传谣、因疏于管理造成恶劣社会影响的网站，公安机关还对在网上编造谣言的人依法予以拘留，以期营造积极向上的网络舆论生态。2015年6月1日，中华人民共和国国家互联网信息办公室制定的《互联网新闻信息服务单位约谈工作规定》正式实施，规定了"互联网传谣将被约谈"等做法。应该说，这些措施取得了显著成效，但对于千变万化的网络形态和"法不责众"的网络暴力心态来说，网络世界的监管仍显宽松。

4. 法治意识淡薄亟待培育建立

主要表现在群众的权利意识不断高涨，但与之相对应的法治意识、规则意识、契约精神，却并没有得到显著提升。一些民众一方面迫切要求法律维护自己的权利，另一方面又不愿意遵守法律，不肯承担应尽的法律义务；一方面对自己的合法权利寸步不让，另一方面又动辄以非理性的方式表达诉求，以非法治的方式维护权益。比如，各地非正常上访、缠访、闹访的现象屡见不鲜，更在全党、全国召开重要会议、举办重要活动前后集中爆发，成为社会治理工作的一大难题。

四　加强宣传思想文化工作法治化建设的路径探索

宣传思想文化工作是一个从宣传主体的意志出发，借助一定的渠道和平台，将观念、理念、政策、方针等传播至目标受众（社会群众），并对其施加影响，最后统一思想、达成共识的过程。推进宣传思想文化工作法治化，就要善于运用法治思维、法治方式，促进法治理念在全社会的最终普及和落实。因此，必须强调主客观因素的系统性法治化。

（一）以坚持党的领导为重点，解决法治化进程中的方向问题

中国宪法以根本法的形式确立了中国共产党通过历史和人民的选择形成的领导地位。推行依法治国，建立符合中国国情的社会主义法律体系，就是要坚持党的领导、依法治国、人民当家作主三者的有机统一。其中，坚持党的领导是根本。

党的十八届四中全会明确指出，党的领导和社会主义法治具有根本一致性，是不可分离的，是缺一不可的。党的领导是中国特色社会主义最本质的特征，也是社会主义法治最根本的保证。离开党的领导就会出现一盘散沙、各自为政的局面，甚至引发混乱和动荡，就不会有真正的社会主义

法治。同时，党的领导必须依靠社会主义法治。作为社会主义中国的执政党，必须依法执政。不仅通过路线、方针、政策指导法律的修订实施来领导人民执行宪法和法律，党自身也必须在宪法和法律的范围内活动，以实际行动维护宪法法律权威，真正做到党领导立法、保证执法、带头守法。因此，《决定》把依法治国确定为党领导人民治理国家的基本方略和把依法执政确定为依法治国的基本方式，是推进社会主义法治建设的重要政治保障。宣传思想文化工作作为党的一项重要的工作必须讲党性，这是维护《中华人民共和国宪法》权威的要求，也是坚持正确的思想舆论导向，占领宣传与意识形态阵地的要求，是全面推进依法治国的重要思想保障。这是大原则，决不能有半点动摇。

（二）以狠抓队伍建设为重点，解决法治化进程中的主体问题

宣传思想文化工作有党管，也要有人落实。推进宣传思想文化工作法治化的前提和基础在于引导和提升宣传思想文化战线从业人员牢固树立依法治理宣传思想文化事务的理念，努力提升运用法律应对、处理和解决宣传思想文化工作中各种矛盾和问题的能力，当好宣传、引导、传播法治中国的"先行官"。这也是实现法治化的主体保障。

1. 提升自身法治素养

宣传思想文化领域的工作者要把纪律及法律法规学习作为宣传思想文化战线的必修课，学深学透党的十八届四中全会精神和《决定》的深刻内涵，理解掌握国家的宪法和法律。通过学习，丰富法律知识储备，完善法律知识结构，打牢履职尽责的法律知识基础，提高运用法治思维化解矛盾、推动创新的能力。

2. 切实履行监管职能

要履行好政策法规的制定者、实施者的职能，宣传思想文化战线要对宣传思想工作各种活动事项、行为、权力、义务、责任等，从法律上进行全面、清晰的界定、区分和梳理，使各项工作制度化、法律化。特别是对于意识形态领域的不同观点，不能动辄用政治的眼光进行评判，要善于通过立法建设，将它们"框"起来，让它们在"法"的范围内活动，并且为我所用。

3. 正确对待和行使权力

在推进工作时，严格按照法规制度办事，遵循科学的原则和程序，做到合理合法、有根有据，将依法办事体现到宣传思想文化工作的各个领域、各个环节之中。要建立对宣传思想工作者的法律监督机制，将各种权力、行为暴露在阳光之下，最大限度减少权力出轨、寻租的机会，确保宣传思想工作者执法公正和队伍纯洁。

（三）以完善法律法规为重点，解决法治化进程中的依据问题

法律是治国之重器，良法是善治之前提。建设中国特色社会主义法治体系，必须坚持立法先行，发挥立法的引领和推动作用。在宣传思想工作中，新闻、理论、文艺、出版等各项活动，媒体、文艺作品、网站、微信、微博等传播渠道，都必须建立有利于贯彻实现法治思维的工作机制，消除与其相悖的思维方式和工作手段，使其在有法可依的环境下运行。

1. 突出宪法的根本法地位

《宪法》是国家的根本大法，具有最高的法律权威和最大的法律效力，既是任何组织和个人的根本行动准则，也是以大众媒介传播活动为主要内容的宣传思想文化工作法治化建设必须遵行的根本准则。

2. 全面清理过时的法律法规

有的法规制度制定较早，已不能适应新形势、新任务的要求；有的与基层实际结合不够紧密，落实起来难度较大；有的前后衔接不好，新出台的法规制度与原有法规制度相互矛盾甚至抵触，对此必须严肃整理、清除。

3. 加快重点领域立法

主要指新闻立法和网络立法。新闻立法应通过对新闻事业及相关领域的规定，赋予媒体采访、报道、评论等权利，并最大程度限制行政部门制定涉及新闻事业的规章制度或文件。同时，指明新闻媒体应承担的义务，避免滥用权力，防止新闻敲诈、"媒体审判"等问题的发生。如同社会治理一样，对互联网也应依法管理。要通过对网络舆论的引导和管控，让正能量压倒负效应，"使网络空间清朗起来"，应实施"依法治网"，加快网络法制建设的进程，将依法治网作为我国虚拟社会治理的主线和引领，以

法治谋求网络的长治久安。

4. 强调立法的系统性

要深入研究宣传思想文化工作的特性，在立法过程中，既注重实体性制度的建设，也要有程序性制度，还要有相应的监督制度；既要重视基本的法规制度建设，又要重视具体的实施细则；既要重视宣传思想文化工作法规制度的建立健全，又要注意与国家、地方法律法规的协调配合，使各项法规制度相得益彰，产生共振效应。

（四）以加强社会引导为重点，解决法治化进程中的环境问题

法律的权威源自人民的内心拥护和真诚信仰。宣传思想工作法治化的一项重要任务，就是在全社会营造全民守法的良好氛围。

1. 加大普法力度

把守法意识作为现代公民意识的重要组成部分进行培育，善于运用现代化的手段，采用群众喜闻乐见的方式，让老百姓听得懂、能接受、愿参与，激发广大群众学法用法的热情，增进广大群众对法律知识的了解、掌握和认知。

2. 推进社会道德建设

在全社会倡导富强、民主、文明、和谐、自由、平等、公正、法治、爱国、敬业、诚信、友善，积极培育和践行社会主义核心价值观，使之成为全体公民约束自身行为的共同准则。

3. 全方位发力参与治理

通过开展多层次、多形式的法治创建活动，深化基层组织、部门和行业依法治理，支持各类社会主体自我约束、自我管理；发挥市民公约、乡规民约、行业规章、团体章程等社会规范在社会治理中的积极作用；建立健全社会组织参与社会事务、维护公共利益、救助困难群众、帮教特殊人群、预防违法犯罪的机制和制度化渠道，并发挥社会组织对其成员的行为导引、规则约束、权益维护作用等，只有让法治精神成为民族精神，让法治文化融入社会文化，依法治国才会有更加坚实的基础。

参考文献

习近平：《在首都各界纪念现行宪法公布施行 30 周年大会上的讲话》，《人民日报》2012 年 12 月 4 日，第 2 版。

习近平：《在庆祝全国人民代表大会成立 60 周年大会上的讲话》，《人民日报》2014 年 9 月 6 日，第 2 版。

张效廉：《提高宣传思想文化工作法制化水平》，《党建》2014 年第 10 期。

联合国：《世界人权宣言》，第 217A（Ⅱ）号决议，1948。

联合国：《公民权利和政治权利国际公约》，第 2200A（XXI）号决议，1966。

世界知识产权组织：《尼泊尔保护文学和艺术作品公约》，1886。

《中共中央关于全面推进依法治国若干重大问题的决定》，http：//www. gov. cn/zhengce/2014 – 10/28/content_ 2771946. htm，2018 年 1 月 2 日。

Study on Rule of Law in Publicity，Ideological and Cultural Work

Yang Dan Guo Jianhua Liu Jieqiong

Abstract：The decision made by the CPC Central Committee on advancing law-based governance in all respects has been leading China's building rule of law into a new era. Publicity，ideological and cultural work is among the significant projects of the nation's overall work. It embodies shaping ideas and values and exercising law-based thinking and behaving modes. The paper points out that nowadays，the publicity，ideological and cultural work is faced with new challenges which can be summarized as "a problem of cognition" and "Four Difficulties". The paper emphasizes as follows：the key to a right direction of rule of law is to uphold the unity of the Party leadership；the key to high competence is to reinforce the teamwork of talent；the key to a solid base is to improve laws and regulations；the key to a better environment is to strengthen society's role.

Keywords：Publicity；Rule of Law；Law-based Governance

粤港澳大湾区研究

Insight into the Guangdong-Hong Kong-Macao

Greater Bay Area

港珠澳大桥通车背景下珠海市打造珠江西岸国际物流中心问题探讨

童年成*

【摘要】 珠海市基于先天区位优势和后天建设形成的珠江西岸交通枢纽城市地位，结合港珠澳大桥建成通车机遇以及"一带一路"重要支点城市、粤港澳大湾区建设、国家南海战略、横琴自贸区政策等多重叠加的积极因素，具备打造珠江西岸国际物流中心的内外部条件。下一步的主要举措包括依托珠海机场发展航空物流、依托珠海港发展港口物流、依托港珠澳大桥发展口岸物流、依托珠海交通枢纽城市地位构建多层次物流体系，以此路径，政府推出相应扶持政策，最终达到建成珠江西岸国际物流中心的目标。

【关键词】 区位优势　珠江西岸　国际物流中心

物流业是融合运输、仓储、货代、信息等产业的复合型服务业，是支撑国民经济发展的基础性、战略性产业。加快发展现代物流业，对于促进产业结构调整、转变发展方式、提高国民经济竞争力和建设生态文明具有重要意义。

习近平总书记在"十九大"报告中指出："香港、澳门发展同内地发展紧密相连。要支持香港、澳门融入国家发展大局，以粤港澳大湾区建设、粤港澳合作、泛珠三角区域合作等为重点，全面推进内地同香港、澳门互利合

---

* 童年成，教授，北京师范大学珠海分校物流学院副院长，主要研究方向为物流管理、流通经济。周知宇、彭磊、沈凯、孙晓波、郑晗、吴传明、唐素华等参与了本文相关调研、讨论并提供了部分材料。

作"。随着国家粤港澳大湾区建设，特别是港珠澳大桥建成通车，珠海市与香港的联系将更加紧密（珠海是内地唯一与港澳陆路相连的城市），为了深入挖掘珠海市发展潜力，发挥已有优势，抓住历史性机遇，本文在深刻把握珠海市物流业发展现状与特点、问题与困难、优势与机遇的基础上，研究并探讨加快珠海市物流业发展的新思路、新举措，十分适时且必要。

一　珠海市物流业发展的现状与特点

多年来，珠海市依托区位、交通、产业和资源优势，在大力加强综合交通体系建设基础上，物流业整体发展取得明显进步。主要表现为：①物流业对全市经济贡献作用日益凸显。2016年全市交通运输、仓储和邮政业实现增加值46.40亿元，占珠海市生产总值的2.1%，跟珠海市第一产业占比接近（第一产业占比2.2%）。全市货物运输总量11395.2万吨，同比增长5.3%，其中快递企业完成快递业务总量15544.47万件，同比增长24.04%，较好地满足了全市工农业生产和人民生活对物流服务的需求①。②交通基础设施和物流服务设施初步完备。目前，全市基本形成贯通口岸、港口、机场、铁路货站四大节点的道路干线交通网络，具备发展现代物流业的基础条件。基本形成物流中心、配送中心、专业市场三级物流服务体系。③物流企业数量众多且不断发展壮大。截至2016年底，全市共有各类从事物流相关业务的企业近800家，第三方物流企业70余家。其中，5A级物流企业2家，4A级物流企业2家，3A级物流企业4家②，企业综合实力在珠三角排第六。其中，珠海港集团有限公司、广丰物流有限公司、招商局物流集团珠海公司等，为珠江西岸地区综合实力较强的企业。④物流企业发展环境不断优化。近年来一系列物流规划和政策陆续颁布，仅2016年政府就颁布出台了《珠海市综合交通运输体系发展"十三五"规划》《珠海市港口发展"十三五"规划》《珠海市现代物流业发展规划（2014—2020）》，与《珠海市现代物流业发展规划（2014—2020）》配套

① 珠海市统计局、国家统计局珠海调查队：《珠海市国民经济和社会发展统计公报2016》，http://www.stats-zh.gov.cn/tjzl/tjgb/201703/t20170328_359811.htm，2017年12月31日。
② 杨蓉、童年成：《珠海市物流发展蓝皮书（2017）》，中国经济出版社，2018，第3~4页。

的《珠海市关于促进现代物流业发展的实施意见》正在征求意见中。2016年8月，珠海市人民政府成立珠海市现代物流业领导小组，市长担任组长。这些规划、政策的出台以及有关组织机构的成立，必将有力支持和推动珠海市物流业的进一步发展。

当前，珠海市物流业的发展呈现以下特点：一是"转运"性物流特征明显。一方面，2016年珠海全市货运量为11395.2万吨[①]，位于珠三角地区的倒数第二位，属于广东省平均水平之下；另一方面，2016年全市货运量与地区生产总值之比为5.12吨/万元，高于珠三角地区的平均水平，这说明珠海市的物流量一部分是由"转运"外地货物而产生的。这与珠海市"贸易大市"经济结构和珠江西岸交通枢纽城市地位是有内在联系的。二是物流业内部呈现非均衡发展特征。如2016年全市货物运输周转量完成159.13亿吨公里，同比下降3.4%，而铁路货物运输周转量9.5亿吨公里，同比增长69.8%；水路货物运输周转量完成98.56亿吨公里，同比下降10.5%[②]；而水运中集装箱运输完成1，653，519标箱，同比增长23.6%；航空运输（含客流）前些年一直处于亏损状态，近年来已转为盈利，并且出现了加速发展趋势，小件（包裹）快递业务量随着电商特别是跨境电商的发展，出现了连续3年20%以上的高速增长态势。这种非均衡增长状况实际上已暗含或者说孕育着珠海市物流业未来发展的突破口甚至发展方向。

二 珠海市物流业发展存在的问题与困难、具备的优势与机遇

（一）珠海市物流业发展存在的问题与困难

1. 珠海市物流业发展存在的主要问题

第一，部分物流基础设施主要是部分重点物流园区建设进度不理想，不利于抢抓"大桥经济"的历史机遇。香港机场第三跑道建设和深中通道

---

① 杨蓉、童年成：《珠海市物流发展蓝皮书（2017）》，第3~4页。

② 珠海市统计局、国家统计局珠海调查队：《珠海市国民经济和社会发展统计公报2016》，http://www.stats-zh.gov.cn/tjzl/tjgb/201703/t20170328_359811.htm，2017年12月31日。

建设离最终完成还有一段时间，这构成了港珠澳大桥建成通车后珠海市物流业发展乘势而上的一个重要"窗口期"。近年来，珠海市滚动投入1500多亿元开展"交通大会战"，以港珠澳大桥为龙头，以铁路、口岸、机场、港口为支撑的现代综合交通枢纽格局初显，搭建起了江－海－公－铁－空立体集疏运体系。但交通体系仍需进一步完善，特别是各种运输方式之间的有机衔接是交通体系"补短板"的关键所在。现有的物流园区规模较小，规范化、专业化、信息化水平不高，难以形成物流发展的集聚效应；物流园区的交通、生活、服务等基础设施配套尚需完善。

第二，缺乏龙头骨干企业，"小""散""弱"仍是目前珠海市物流企业的基本特征。全市90%以上的物流企业为"个体"性质的企业，多数从事传统运输、仓储、货代等单一业务；普遍缺乏必要的服务规范和内部管理规程，经营管理粗放；市场准入门槛低，无序竞争激烈；物流服务水平不高，物流业整体竞争力弱。

第三，信息化水平有待提高。全市尚未建成物流公共信息平台，物流各相关环节信息资源尚待整合。

2. 珠海市物流业发展存在的困难

第一，与珠三角其他地市相比珠海市物流业本地生存空间有限。比如东莞、佛山、中山等市，其一般加工制造业种类繁多且行业集中度低、总体规模相对较大，因此，作为生产性服务业的物流业具备了良好的生存条件。珠海市经济以"三高一特"为产业定位，决定了珠海市重点产业行业集中度必然相对较高，第三方物流企业不易介入，而相对容易介入的一般加工制造业，其总体规模有限，因此，许多第三方物流企业在本地的生存空间有限。

第二，珠海市物流业相关服务水平有待提升。通关便利化水平与深圳、广州等地存在差距，收费也相对较高；机场国际口岸尚未开通；横琴自贸区及跨境电商的诸多业务由于政策原因存在不合理限制。

第三，政府部门对物流业发展的政策支持力度有待加强。企业的发展离不开政府部门的支持，政府部门的综合支持力度越大，给企业带来的正的外部性越大，就能使企业在区域经济竞争中获得额外优势（收益）。与周边地区政府部门对物流企业的支持力度相比，珠海市政府有关部门在为物流企业落实用地政策、加大财政补贴奖励力度、加快审批进度及拆迁进度等方面还有很大的潜力可挖,可为物流企业提升竞争力做更多事情。

(二) 珠海市物流业发展具备的优势与机遇

珠海市物流业发展具备多重优势。首先,珠海市在"珠三角"地区经济发展程度居中上水平,仅次于广州市、深圳市,是一座在国内具有影响力的城市,160 余万常住人口[①]的生产生活有庞大的物流服务需求,这是支撑全市物流业发展最现实的基础。另外,以珠海为龙头的珠江西岸先进制造产业带崛起,中海油、福陆海工、三一重工、中航通飞、新兴重工以及玉柴、神华等一批优质大项目相继落户或建成投产,以及格力国际智能制造基地、高新区机器人产业园、中兴智能汽车等重大项目加快建设,构建起了大进大出和进出口贸易的产业基础,物流需求不断增加,物流增量潜力巨大,这必将带给珠海本地物流业更大的发展空间。其次,珠海市先天具备的区位优势和后天建设形成的珠江西岸交通枢纽城市地位将为珠海市建成区域性有重要影响力的国际物流中心提供坚实基础。珠海市地处珠三角,珠三角是我国两大加工制造业集群区域之一,环珠江口区域(湾区)又是珠三角区位条件最好的区域;拥有连通国内和世界各地的机场群和港口群,铁路枢纽连通长三角和泛珠三角地区,珠江西岸的珠海市,毗邻澳门,东距香港 36 海里,北距广州 138 公里,临近国际航道(大西水道),拥有自己的国际港口、机场、重要口岸,这些重要资源近邻的其他地市(如佛山、中山、江门等)是不具备的。因而,珠海市不仅在区域,而且在国内甚至国际上的位置均十分优越。珠海市物流业发展应不拘泥于自身这"一亩三分地",而应放眼珠三角,放眼整个国内甚至国际,把珠海市物流业作为珠海市重点产业来发展,努力把珠海市建成区域性有重要影响力的珠江西岸国际物流中心,从而为珠海市经济发展打造一个新的增长点,这应成为珠海市物流业发展新的战略举措。最后,在区位优势和珠江西岸交通枢纽城市地位的基础上,珠海市建设区域性有重要影响力的国际

---

① 截至 2016 年底,珠海市全市常住人口为 167.53 万人。珠海市统计局、国家统计局珠海调查队:《珠海市国民经济和社会发展统计公报 2016》,http://www.stats-zh.gov.cn/tjzl/tjgb/201703/t20170328_359811.htm,2017 年 12 月 31 日。

物流中心具有其他城市难以替代的成本优势、土地资源优势、综合环境优势、政策优势等。珠海市物流综合运营成本明显低于港澳；珠海始终重视土地节约集约利用，土地开发强度仅为20%，不及珠江东岸城市的一半，具备发展物流业的空间优势；横琴自贸区优惠政策、跨境电子商务综合试验区等，都将为珠海市建成区域性有重要影响力的国际物流中心提供多方位支撑。

当前，珠海市物流业发展正迎来难得的历史性机遇。包括国家"一带一路"倡议的落实、国家粤港澳大湾区的规划和建设、国家南海战略的加快实施以及港珠澳大桥的建成通车。这些历史性机遇将给珠海市物流业发展提供持久不衰的动力。

当然，珠海市物流业发展也面临多重挑战：首先是周边城市竞争带来的挑战。深圳、广州等地不仅社会物流量大，规模效益好，而且物流服务业规范化、国际化水平较高，对珠海市社会物流量会形成较强的分流力。未来深中通道的建成将是珠海市区位优势和珠江西岸交通枢纽城市地位的最大挑战。其次，港珠澳大桥建成通车，一方面能加强珠海和香港、澳门的联系，另一方面有可能由于香港强大的国际物流运营能力产生的"磁吸力"而使珠海市变成物流"路过"型城市，这是应尽力避免的。

三　珠海市建设区域性有重要影响力的珠江西岸国际物流中心的主要举措

（一）依托珠海机场发展航空物流

珠海机场拥有稳定增长的货运量，多样化的服务内容，优惠的政策，相对廉价的土地资源，在港珠澳大桥建成后，对于容量即将饱和且在内地合作发展有限的香港机场而言，珠海机场是最好的合作对象，况且两机场已开展托管合作多年。珠海有关部门应在已有合作基础上大力推进两地机场之间双向货运衔接的构建，将珠海机场作为香港机场的延伸货运基地，为香港机场货运分流。同时，寻求与澳门机场协同机制，以差异化定位，将珠江西岸更广大地区的物流纳入其影响范围。依托香港空运管理实力和经验、香港发达的资金市场以及充裕的航空货源，探索形成一个香港机场带货、珠海集货、澳门参与注资以及技术投入的业务分割机制，达成 1＋1＋1＞3 的联合效果。同时，珠海机场应努力提升自身实力，以适应国际化发展需要。珠海市政府有关部门应抓紧落实机场规划用地，加快航空物流园区建设，通过引入大型开展航空业务的物流公司，引凤筑巢，从管理、信息、技术、政策多层面全方位促进珠海机场竞争力的提升。

（二）依托珠海港发展港口物流

珠海港是全国 21 个沿海主枢纽港之一，已形成以高栏港区为主，洪湾、万山港区为辅，九洲、斗门、香洲、唐家等港区为补充，大、中、小泊位相互配合，专业化泊位与通用泊位相互补充的"一港七区"布局。2016 年，珠海港共完成货物吞吐量 11778 万吨①，同比增长 5.1%，集装箱 165 万 TEU，同比增长 23.6%，总体发展趋势良好。

依托珠海港发展港口物流，其总的思路：①错位发展。珠海港需与广州、深圳、香港这些国际大港形成错位和差异化发展，定位于细分市场，重点发展油气化工品、煤炭、矿石、天然气等大宗散货和集装箱运输，主要为临港重化工、海洋装备制造等产业提供配套物流服务；②发展多式联运。重点发展海铁联运；筹建江海联运中心，完善航线网络；③产业培育。通过税收、土地、加大补贴等优惠政策，吸引中远海运、招商局集团等港航央企在珠海稳定发展，同时进一步推进市政府与中谷海运、安通控股等大型民营港航企业签订战略合作协议，促进大型港航企业扎根珠海发展；另积极引进港澳专业的物流企业进驻珠海港，港澳的物流企业具有良好的国际化视野和专业的运营经验，同时能够带来大量的物流需求。

（三）依托港珠澳大桥发展口岸物流

发展口岸物流，提高经济竞争力，对促进区域经济发展起着重要作用。珠海市已初步形成一、二类口岸相互补充，东、西部口岸相互兼顾，

---

① 珠海市统计局、国家统计局珠海调查队：《珠海市国民经济和社会发展统计公报 2016》，http：//www. stats-zh. gov. cn/tjzl/tjgb/201703/t20170328_ 359811. htm，2017 年 12 月 31 日。

大陆和海岛口岸相互依托的口岸布局结构。港珠澳大桥通车后带来的变化有：①使港珠澳三地间的物流运输结构从过去以水路运输为主变为以陆路运输为主、水路运输为辅的运输模式，进而带来各口岸的货运量的改变；②为珠海机场和香港机场之间货物的往来提供便利；③建设中的"珠海（保税）洪湾通关综合服务中心"直接联通港珠澳大桥，是澳门、香港与珠江西岸城市往来货物的重要落脚点，建成后将成为区域通关中心，实现"货物集中查验、口岸高效放行"的创新监管体制，从而带来珠海口岸物流效率的整体提升。

当前口岸物流的发展重点是大力推进通关中心建设，简化三地通关手续，推进实现"一地三检"，推动跨境电商试点城市的设立，进而推动珠海跨境电商保税物流的发展，为口岸物流创造更多业务需求。

（四）依托珠海交通枢纽城市地位构建多层次物流体系

港珠澳大桥建成通车后，在优势互补、互利共赢原则下，珠海市主动与港澳对接，积极推进珠港澳三地物流合作，提升珠海市国际化发展水平，这不仅是落实"蓝色珠海、科学崛起"战略的需要，也是珠海市抓住机遇迎接挑战实现物流业新突破的重要举措。

港珠澳大桥建成通车会使珠海市的区位优势进一步提升，珠海市将由原来的交通末梢城市，成为内地唯一一座与港澳陆路相连并方便通向国际的区域枢纽城市。港珠澳大桥将方便香港、珠海之间的公路货物运输，珠海去香港的行车时间和行车成本会降低；通过港珠澳大桥与我国两纵两横大动脉相连，包括西江流域的内河港开发，云、贵、川（渝）的货物可直接运至珠海抵达香港，可大大拓展珠海物流的腹地空间；在空港方面，珠海机场距离香港机场的行驶距离大大缩短，为两个空港的进一步合作创造了条件。港珠澳大桥为珠海市成为对接港澳、辐射内地的珠三角新的重要的国际物流与贸易中心提供了更大可能。

珠海对市域内部要做好物流基础设施的空间布局。包括三个层次，一是与物流节点相衔接的物流园区建设与完善。加快建设包括高栏港保税物流园、空港国际物流园、珠港澳物流合作园等重点园区。二是推进经济功能区的专业物流中心建设。当前，珠海经济功能区配套的物流中心是短板。要积极规划，分步稳妥推进各经济功能区配套物流中心建设，建设富山物流中心、金鼎物流中心、南屏物流中心等。围绕高端制造业大力发展第三方物流业务，为经济功能区企业提供专业的运输、仓储和配送一体化的物流解决方案。三是根据城市快递需要抓紧完善城市分拨中心，如上冲商贸配送中心、金湾商贸配送中心、莲洲农产品配送中心等，同时重视布局各街道、镇的快递站，形成由物流园区、物流中心和配送（分拨）中心构成的层次分明的物流基础设施系统。

珠海市本地具有丰富的农产品和水产品资源，是供应港澳鲜活商品的主要基地，政府应鼓励和支持各类农副产品加工，冷链物流、商贸流通企业改造建设一批适应现代流通和消费需求的冷冻、冷保鲜仓库。加快引进一批核心竞争力强大的冷链物流企业，提升冷链物流的规模集约化水平。

四 打造珠江西岸国际物流中心的对策建议

1. 出台充分发挥港珠澳大桥作用的一揽子珠海"先行先试"政策

港珠澳大桥建设是国家落实"一国两制"的重要构成部分，为了让这一举世瞩目的壮举更好地造福于"大桥两端"的人民，成为彪炳史册的伟大工程，珠海市必须站在国家高度承担起重大使命。为此，珠海市政府应向省政府汇报反映，为了让港珠澳大桥充分发挥作用，为了港珠澳大桥建成通车后"只能成功不能失败"，国家有关部门和省政府应给予珠海市一系列先行先试政策。具体需要哪些一揽子政策可专门研究并提出，抓紧启动这一工作是当务之急。

2. 进一步完善并实施珠海市物流产业发展规划

《珠海市现代物流产业发展规划》已经过市政府常务会通过并实施，随着粤港澳大湾区规划和建设出台，特别是港珠澳大桥建成通车，规划的部分内容随着形势变化出现部分不适应的地方，应做局部修改，比如珠港澳国际物流合作园的加快建设问题、珠海机场与香港机场的合作问题等。同时，应加快该规划的全面实施，使科学规划发挥应有价值，以改变珠海市物流业长期处于先发展、后规划的无序状态。

3. 加大招商力度、加快出台物流产业发展配套扶持政策

加快出台物流产业发展配套扶持政策，引进和培育物流龙头企业。一方面引进国内大型物流企业（包括大型电商企业，如京东）投资和落户珠海，另一方面应积极培育本地物流企业发展壮大，尽可能协助解决其运营中面临的需政府协调解决的困难。同时，加强与其他地方政府、企业、物流园区合作，拓展珠海物流发展的腹地空间。

4. 加快珠海物流基础设施建设，努力改善政府办事效率特别是跨境物流的通关效率

由于审批程序、经费预算等原因，珠海市基础设施建设特别是重点物流园区建设进程缓慢，已越来越影响到珠海市物流业的发展。因重点物流园区建设进度对珠海市对接港澳吸引跨境（国际）物流资源和国内物流资源方面影响重大，因此，加快重点物流园区建设，如珠港澳国际物流园（特别是通关中心）的投资建设、机场西值廊的土地审批等应纳入政府重点督办项目，与此相关的，重点物流园区的一些卡脖子路段、卡脖子工程同样应引起重视并加快解决，港口集疏运体系中的公共配套设施需要进一步完善。

5. 扶持物流企业创新创业

物流联盟、供应链管理、物流金融、智慧物流建设等，是现代物流创新的重要形式。企业考虑自身发展需要尝试适合自身的创新创业，政府部门应加以扶持引导，特别是对那些可引领珠海市物流业未来发展的创新创业要给予支持。德昌顺智慧物流园积极尝试建设线下线上结合的综合物流平台和物流创意企业快孵基地，值得政府有关部门加以关注和扶持。

6. 发挥大学、协会作用，积极开展政产学研合作

珠海市有多所大专院校设置物流专业，培养多层次物流人才。应加强珠海市高校中物流院系与物流企业的合作，联合培养物流人才，开展企业员工培训等。同时，在为政府决策和企业发展提供智力支持方面，可充分发挥高校专家团队的智囊作用。

参考文献

习近平：《决胜全面建成小康社会 夺取新时代中国特色社会主义伟大胜利》，《人民日报》2017 年 10 月 28 日，第 1 版。

郑人豪：《政府工作报告——2017 年 1 月 11 日在珠海市第九届人民代表大会第一次会议上》，http：//www. hizh. cn/lianghui2017zxbd/382086. jhtml，2018 年 1 月 11 日。

珠海市统计局、国家统计局珠海调查队：《珠海市国民经济和社会发展统计公报2016》，http：//www. stats-zh. gov. cn/tjzl/tjgb/201703/t20170328_ 359811. htm，2017 年 12 月 31 日。

刘晓峰：《珠海成立现代物流业发展领导小组，重点研究空港发展》，http：//zh. southcn. com/content/2016 - 07/24/content_ 152151857. htm，2017 年 12 月 31 日。

杨蓉、童年成：《珠海市物流发展蓝皮书（2017）》，中国经济出版社，2018。

童年成：《一带一路与我国国际物流新战略研讨会综述》，《中国流通经济杂志》2015 年第 11 期。

珠海市政府：《珠海市综合交通运输体系发展"十三五"规划》，2016。

珠海市政府：《珠海市港口发展"十三五"规划》，2016。

珠海市政府：《珠海市现代物流业发展规划》，2016。

Exploring Zhuhai's Shift into an International Logistics Center on the West Bank of the Pearl River Estuary with the Hong Kong-Zhuhai-Macao Bridge in Operation

Tong Niancheng

Abstract：With advantages in the geographical location by nature and the transport hub position by nurture, enjoying the multifold benefits from construction and operation of the Hong Kong-Zhuhai-Macao Bridge, the "Belt and Road" initiative, the South China Sea strategy and the development of Guangdong-Hong Kong-Macao Greater Bay Area and the Hengqin Free Trade Zone, Zhuhai is ready, according to its internal and external conditions, to become an international logistics center on the west bank of the Pearl River estuary. To fulfil this goal, some supporting policies should be made by the government and some measures should be taken as a roadmap, which include developing aviation logistics based on Zhuhai Airport, developing maritime port logistics based on Zhuhai Port, developing highway port logistics based on the Hongkong-Zhuhai-Macao Bridge and developing a multi-dimensional logistics system based on its transport hub position.

Keywords: Geographical Advantage; The West Bank of the Pearl River Estuary; International Logistics Center

港珠澳大桥建设配套工程的二次开发探讨

何建艳*

【摘要】本文通过借鉴和参考国内外对于大型建设项目配套工程二次开发和升级改造的实践经验，探讨港珠澳大桥遗留配套工程的有效综合利用，以资源再利用、经济可持续发展的视角，为开发港珠澳大桥建设配套工程潜在的经济价值、社会价值、科技价值和生态价值，提供可参考的探索建议。

【关键词】港珠澳大桥　建筑配套工程　废止/遗留建筑　二次开发

一　港珠澳大桥及其配套工程

港珠澳大桥是连接粤港澳三地的大型跨海陆路通道重大工程，它通过跨海大桥和海底隧道将中国香港大屿山、澳门半岛和广东省珠海市连接在一起，由三地口岸、三地连接线和海中桥隧主体工程三部分组成，路线总长约56千米，其中主体工程"海中桥隧"长达35.578千米，是目前世界上最长的跨海大桥工程；大桥工可批复投资估算约为729亿元，设计使用寿命为120年，投资总额超过500亿元人民币。工程于2009年12月15日正式开工；2017年5月2日，港珠澳大桥沉管隧道顺利合龙，同年7月7日，港珠澳大桥海底隧道段的连接工作顺利完成。目前已具备通车条件。

作为声势浩大的世纪工程，港珠澳大桥在陆地及海岛设有大型建设配套工程以确保施工的顺利进行，这些配套工程包括已申请多项专利的流水

---

* 何建艳，在读博士，北京师范大学珠海分校讲师，主要研究方向为企业战略及营销。

线作业沉管预制厂作业区，能通行大型船只的深水船坞，旅游区旁的码头，港珠澳大桥作业指挥部等重要工地。在大桥施工过程中，这些配套工程为协助相关项目的顺利进行发挥了不可替代的重要作用，但随着大桥即将通车运行，这一系列与大桥建设密不可分、耗资巨大、质量良好的建设配套工程必将结束历史使命，其未来何去何从引人深思。

以下选取两处港珠澳大桥的建设配套工程为例。

（一）唐家湾总营地片区

唐家湾总营地片区位于珠海市唐家湾与淇澳岛交界处，占地面积约41公顷，与华发蔚蓝堡相隔唐淇路，北临珠江口伶仃洋，隔海相望淇澳岛，陆路及海运交通方便，地理位置十分优越。唐家湾总营地片区，建于2011年，落成至今使用已有五年。它是所有配套工程中占地面积最大，用途最为广泛的。片区包括中国海事局大桥办、港珠澳大桥项目办公区域、职工的休闲场所、食堂、施工区域、厂房、堆放钢材的空地等。相隔不远处还有两个滚装码头，分别为港珠澳大桥1号和2号码头。唐家湾片区公路及海运交通方便，自然条件较为优越，未来发展潜力较大。与总营地片区毗邻的珠海国家高新技术产业开发区，规划有TOD小镇。一桥之隔为自然旅游资源丰富的淇澳岛，经由淇澳大桥到淇澳岛只需3分钟车程，周边山水相依，环境优美，自然旅游资源丰富。

（二）牛头岛沉管预制厂

坐落在桂山岛北端牛头岛上的沉管预制厂是岛隧工程的核心组成部分——世界最大的沉管在这里的流水线上有序生产。海底隧道沉管预制厂占地约72.5万平方米，主要包括沉管预制厂厂房，存放沉管的深浅坞区以及附属码头、办公区、生活区等。小岛拥有深水船坞，能通行较大型船只。预制厂建设规模较大，现有厂房投资及专利产出资金巨大。该项目于2011年1月开工建设，14个月后，厂区土建工程和厂房两条沉管生产线的设备安装调试都已完成，具备巨型沉管预制的条件。这是国内首次、世界上第二次采用工厂流水线预制工艺预制沉管管节，而港珠澳大桥沉管预制厂在工厂规模、预制管节的尺寸上均属世界之最。预制沉管厂是所有配套工程中科技含量最高的工程，预制沉管厂内设计有许多世界关注的专利技术。珠海市未来规划桂山岛应保留并适度扩张渔业、休闲旅游业。

二　港珠澳大桥配套工程二次开发的思考基点

（一）可持续发展的战略思想

作为 21 世纪最为重要的战略思想之一，"可持续发展"思想已为各国所普遍接受。现阶段我国城市化发展的建设规模大，动用的资金和能源耗费巨大，虽然发展速度快，但随之产生的许多问题，如城市人口问题、城市基础设施滞后问题、经济发展与环境保护问题，以及人口与土地的矛盾等，均已成为与国民经济、人民生活息息相关的重大课题。当下我国提倡的建设节约型和谐社会就是为了响应可持续发展的战略思想。

受全球资源短缺和环境危机影响，对不可再生资源的保护和再利用逐渐成为人类具有道德观的自觉意识。保护历史环境、尽可能利用旧建筑潜在资源变得和保护自然生态环境一样重要，成为与整个社会可持续发展息息相关的战略问题。一方面剧增的建设量造成土地侵占、生态环境恶化日益严重，另一方面大量旧建筑、老房子被拆毁，没有能"物尽其用"。西方一些国家的经验表明，历史建筑再利用的成本明显高于新建成本，但是随着社会经济的发展，以及人们价值观念的转变，特别是面对自然资源有限及不可再生的前提，这种趋向逐渐有所转变。人们开始意识到不能仅关注建造成本，而不注重社会成本或环境效益，同时，随着环境学科的发展，过去无法用货币衡量的环境指标能够被逐渐量化，这在一定程度上也促成了人们对建筑再利用的重新认识。就自然资源的有效利用和对环境污染的程度而言，比较建筑的生产和解体两个环节，新建工程比再利用工程消耗更多的自然资源，同时新建筑材料的生产和旧建筑解体所产生的建筑垃圾，往往又会造成更严重的环境污染。

从可持续发展的角度来看，保护不仅是一种关于城市可持续发展的观念，它在寻找对城市发展而言具有可利用价值的历史和文化资源的同时，也是一种关于城市可持续发展的方法，它对是否具有"可利用价值"和有多少"可利用价值"以及"如何利用"有着直接关系。近代工业建筑的保护和再利用应遵循可持续发展的理念，实现保护和城市发展的平衡互动与和谐共存。既注重保护对于城市长远利益的重要性和不可替代性，又注重合理利用和可持续发展，尽量发掘近代工业建筑的综合价值，实现与城市经济社会环境的互动发展。

（二）遗产建筑的保护及再利用

遗产建筑，有狭义和广义之分。狭义的遗产建筑，属于世界遗产中文化遗产之列，必须符合相关的要求才能列入《世界文化遗产名录》；而广义的遗产建筑，则包括一切经过人类改造后的自然环境和建筑，在超过使用寿命后所留下的遗址，常见的有工业遗产等。

联合国教科文组织对工业遗产的界定是工业遗产不仅包括磨坊和工厂，而且包含由新技术带来的社会效益与工程意义上的成就，如工业市镇、运河、铁路、桥梁以及运输和动力工程的其他物质载体。工业遗产涉及的领域十分宽泛，包括在工业化的发展过程中留存的物质文化遗产和非物质文化遗产的总和。工业物质文化遗产主要指生产加工区、仓储区和矿山等处的工业物质遗存，以及与工业发展相联系的交通业、商贸业以及有关社会事业的相关遗存。港珠澳大桥作为世界上最长的跨海大桥，是中国现代化进程中极其重要的交通运输工程，其配套工程的建筑遗址符合工业遗址的定义，对它们的再利用和二次开发有相当重要的意义。

对于建筑遗产的研究，发达国家已经有比较成熟的经验，而国内还处于开始阶段。首先，从侧重于闲置空间再利用研究，到开始进行价值保护方面的研究；其次，从物质化的历史建筑价值的保护，扩展到非物质化的文化价值的保护。国内遗产建筑的再利用实践主要侧重于建筑的保护和空间利用方面，"展览陈列"和"创意产业"是目前采用的与建筑遗产特质相契合的再利用主流模式。

（三）港珠澳大桥配套工程二次开发的价值判断

1. 经济价值

港珠澳大桥配套设施工程的开发和建设，积淀着大量的人力、物力。为了配合港珠澳大桥建设，所建设的配套设施，结构都异常坚固，使用寿命长，建设至今时间非常短，建筑损耗极少。如果不考虑二次开发，直接将其进行拆除或重建的话，是对人力、物力的再次消耗。如若对已完成使命的建筑配套工程进行二次开发，一方面可以避免拆旧消耗人力物力的成本，另一方面可以节约重建的硬件配套设施投资，节约资源也节约投资。在原来的基础上进行规划设计，对于设计师来说，将会有更多的时间进行详细的思索，也为项目争取更多的时间进行资金的筹集。利用港珠澳大桥建筑配套工程二次开发的协同效应带来经济辐射，能给区域经济带来新的热点。

2. 社会价值

港珠澳大桥的建设具有一定的时效性，通过对建设配套工程的二次开发改造，有利于对原有工程建设形成延续记忆和扩展，从而形成再生设计，以鲜活流动的场景保持原有大型项目工程的社会影响，继承敢为天下先的当代建设者精神。

3. 科技价值

港珠澳大桥在建设过程中创造了多项专利技术，实现了难度极大的跨海大桥工程，建设过程中，在城市规划布局、项目建设、技术研发、机械制作加工等各方面都有着无可取代的科研和技术价值。正是有了这些配套设施工程的紧密配合，才能完成港珠澳大桥的建设。特别是桂山岛上的预制沉管厂，采用了流水线作业的方式，确保了港珠澳大桥预制沉管的快速生产。其中所涉及的科研技术、工业流程等各方面在我国乃至世界的科学技术领域都占有重要地位，其学术价值也很高。把现有的科技成果形成标准，构建相关产业链，实现世界范围内的行业会展经济和相关技术咨询产业的发展，将会给珠海带来极大的科技价值。

4. 生态价值

港珠澳大桥的建设配套工程的使用年限实际上远远大于其生产功能的

使用年限。通过对这些工程的妥善保护和科学的改造，无疑是实现建筑可持续发展的重要途径。随着城市化进程的发展，对建设配套工程进行科学合理的改造，更有益于生态环境的发展。例如，通过对建设配套工程的科学合理改造，可以减少工程拆除及重建过程中产生的建筑材料垃圾和建筑所需的建材消耗，减少给环境带来的污染和资源浪费；节约拆除与重建过程中再次产生的人力资源、材料资源的消耗等，让原有的工程持续循环地产生价值，从而使得城市功能得以优化，城市区域经济得以发展，实现生态效益的最大化。

三　国内外废止/遗留建筑二次开发改造实践

美国景观大师劳伦斯·哈普林提出的"建筑再循环理论"，在一定程度上促进了国外的工业建筑遗存改造的发展。劳伦斯·哈普林认为"建筑再循环的基本特征是使用功能的置换或完善，包括两个方面：一是使用功能的置换，指原有功能被新功能替代，例如为适应城市发展，城市中心区的工业厂房被改造为商务办公楼等；二是使用功能的完善，指原有功能得以增强，例如为适应现代化办公的需要，传统办公空间通过更新技术设备而成为现代化的办公空间等"。1965年哈普林支持改造了一个巧克力工厂，使其成为美国旧金山当地著名的具有传统特色的休闲场所，这就是著名的吉拉德里广场，这也是建筑"再循环"理论的一次著名的实践。

20世纪80年代以来，发达国家新建建筑市场发展减缓，随后，以既有建筑为主的建筑维修、改造、再循环利用得到了快速发展，更加强调人与自然、人与环境的和谐共生及城市人文历史的意义。

随着国外城市的快速发展，国民对环境、人文以及历史的保护意识不断提高，过去工业时代快速发展而产生的大型项目或厂房，由于职能缺失或不符合城市发展而逐渐被废弃。这些项目引起了政府和设计师的注意，从而掀起了废弃建筑二次开发改造的热潮。如伦敦泰晤士河南岸的泰特现代美术馆（Tate Modern），由河岸发电厂（Bankside Power Station）改造建成，泰特现代美术馆的建造给南岸经济带来新的动力，并围绕此形成了新的文化艺术区域。同样的情况还有美国的巴尔的摩内港改造、日本横滨新港等。

基于废止建筑的二次开发，不仅可提供对自然环境和资源的保护，也可以带来新的经济效益，得到政府的大力支持。对于既有建筑的更新改造，国际组织及各国政府一般都会采用建筑标准的重新修订、制订既有建筑的改造规划等措施，使既有建筑的改造得到技术保障。如在 1978 年成立于瑞典的国际工业遗产保护委员会（TICCIH），于 2003 年通过了《下塔吉尔宪章》，这是工业遗产保护领域的纲领性文件，就其立法保护、维修保护、教育宣传等提出原则、规范和方法的指导性意见。其后，欧洲的工业与技术遗产开始得到更多的政府和民间的关注，各种组织相应产生，如德国鲁尔工业区的国家建筑博览会（IBA）、英国大伦敦区工业考古学协会、英国埃克米工作室等，并为此发展了非营利性组织欧洲工业与技术遗产协会联盟，为欧盟各国在工业遗产保护的共同合作和发展方面提供了支持和帮助。发达国家和地区对既有建筑的改造经过漫长的发展历程，从指导政策、升级改造的方式到管控等各层面，都有许多先进的经验，值得我们学习。

建筑再循环并不是简单的对建筑物进行保存或直接拆除重建，它的本质应该是建筑物生命长度的延长和再发展，对于城市来说，也是一种更加环保、积极的发展形态。废止的遗留工程作为大型建设项目的辅助项目的使命已经结束，而通过适度的改造和升级，令其产生新的用途，其生命得以继续延长，这正是"建筑再循环理论"的应用实践。

（一）国外的二次开发改造案例

1. 英国泰晤士河岸艺术区

20 世纪 70 年代之后，英国传统工业严重衰退，城市出现大量的工业废弃建筑和闲置建筑。除此之外，随着世界经济的发展，泰晤士河岸的区位优势凸现出来，高新技术、金融、信息产业和服务业等，在泰晤士河两岸蓬勃发展。1978 年，英国政府提出"合作区"工程，以鼓励社会、私人与政府共同合作，解决这一问题。随后 LDDC 的成立使得泰晤士河岸艺术区改造速度大大提升。泰特①现代美术馆的建造给南岸经济带来新的动力，并围绕此形成了新的文化艺术区域。

---

① 泰特现代美术馆（Tate Modern）。

艺术区位于泰晤士河边，是利用废旧港口码头和古老仓库改造的文化旅游区，包含电影院、餐厅、纪念品商店、咖啡厅、酒吧和游船等，现代化大桥飞架两岸，高速火车穿梭而过，可以一边休闲娱乐，一边游览英国繁华景色。英国泰晤士河岸艺术区利用旧发电厂进行改造，充分展示了20世纪艺术品的精髓；独树一帜的建筑设计风格融合别具匠心的艺术藏品，为英国泰晤士河岸艺术区增添了丰富的内涵。

2. 巴尔的摩内港

位于美国东海岸的巴尔的摩内港，是美国主要的工业港口之一，贸易繁盛，紧邻巴尔的摩的核心查尔士中心，巴尔的摩市中心布局正是沿着其主要港口展开的。

第二次世界大战后，巴尔的摩内港日渐萧条，大量建筑物空置，巴尔的摩开始衰落。为改善这一情况，政府启动巴尔的摩城市更新项目，通过购买土地、清理建筑、出卖地块来使巴尔的摩内港重获生机。从20世纪50年代至今，通过不断地改造和重建，巴尔的摩内港形象得到提升，从而带动巴尔的摩旅游业、商业等的发展。巴尔的摩内港利用合理的产业布局，完善其交通线路和工具，明确其功能配置，从而使其成为世界的滨港游憩商业区改建和重建的榜样。

3. 日本横滨港老港区

日本于1859年向国外开放贸易门户，距今已经有150多年的历史，是日本最早的对外开放港口之一。横滨港距离东京都地区较近，在区位上有得天独厚的优势，但其高速发展的重要原因，是它拥有极其发达的交通运输网络。

横滨老港口改造主要包括港口未来21世纪地区和大栈桥码头，新山下地区、新港地区、金泽地区及为市民提供旅游服务、餐饮、娱乐、购物等功能的八景岛地区等区域的开发改造。横滨港的21世纪建设规划，就是要建成国际性的文化、信息城市和环境优美的港口新都市，把港口生产、调度、管理、市民文化生活、娱乐等功能，全部结合在这个位于港口区域内的港口都市内。

（二）国内的二次开发改造案例

我国对于建筑改造的研究大约开始于20世纪90年代。过去由于技术、资金、政策等方面的限制，我们对于废止建筑进行二次开发的案例少之又少，更多的是采取"大拆大建、推倒重来"的方式。随着国外"建筑再循环理论"的日渐发展以及建筑改造体系的成熟，国内的建筑师、设计师们纷纷着手研究旧建筑的改造升级，并投入到实际操作中。在此基础上，发表了一系列的理论成果，丰富了我国对于旧建筑改造的研究体系。但总体而言，国内的工程管理仍处于粗放型向集约型靠拢的阶段，对于废止的遗留工程研究较少，尚未成熟。

随着我国经济和社会的发展，以及可持续发展战略的提出、人与自然和谐相处意识的提高，国民对于当代的一些废止建筑中蕴含的历史、人文、社会、环保等问题越发重视。部分城市开始研究对废弃厂房的二次开发和利用，例如北京的798地区、上海的"八号桥"、广州的红砖厂等。在城市改造过程中，由于城市职能变化，原来位于城市中心的工厂不再适应城市发展。如果采取过去的拆旧模式，并不符合现代可持续发展的战略要求，同时也会造成资源的浪费。因此，采取将旧厂房搬迁至郊区，把市区内搬迁后的厂房旧址再开发，作为文化基地进行改造，改造后成为当地地标，反而进一步促进了城市的经济、文化发展，同时又保留住了人文、历史的意义。部分城市研究水域码头等的二次开发，例如武汉的码头文化改造，形成了新的滨河区域，为城市注入新的活力。

1. 北京的798地区

随着城市化进程加快、我国产业结构的调整升级，一些工业建筑难以适应城市发展需求，逐渐衰落荒废。北京798文化创意产业园区是在原有的工业建筑的基础上进行改造的，园区厂房纵横交杂，错落有致，工业气息浓郁。以"外貌如旧，内部焕然一新"为原则，北京的798地区中的特色景观，并不是由某位艺术家或设计师特意规划设计，而是由众多品位不同、思想不同的艺术家开展艺术活动时相互碰撞出来的结晶，是旧工业建筑区自我蜕变的过程，如此看来更显得难能可贵。这是一种新时代另类、有特色的景观环境，也是一种工业建筑改造模式的创新。

总之，北京798文化创意产业园区把复古的工业元素和过去的建筑文化保存下来，使得地域文明得以更长久地发展。

2. 广州红砖厂

广州红砖厂位于广州员村，其前身是建于1956年的中国最大的罐头厂——广州罐头厂，园内以苏式建筑为主，现在仍保留着几十座大小不一的苏式建筑。2009年，在广州市政府的支持下其被改造成为红砖厂工业创意园。作为广州第一家非房地产性质真正意义上的创意区，这里正试图打造成为人文、艺术、创意和时尚的新领域，是当今广州北岸区域里最重要的文化码头，素有"广州798"之称。

3. 武汉汉口滨江码头

码头的功能就是集散和流通，而城市也就是集散和流通的产物，武汉城市的发展变迁，与武汉码头的兴衰流变息息相关。

武汉因为其地理位置而成为著名的交通枢纽和战略要地，到了明末清初，商品经济不断发展，汉口即成为中部地区集散商货的著名码头。19世纪60年代汉口开埠后，武汉汉口滨江码头一直非常繁盛，但是，进入20世纪90年代后，随着陆路、航空的迅猛发展，水运不再是最主要的运输方式，武汉汉口码头逐渐萧条。新时期的武汉城市建设加快了步伐，产业调整以及现代交通技术的发展，使得处于武汉核心地段的废弃滨江区需要重新开发利用。武汉汉口滨江码头的江汉路游憩商业区内包括商店街、美食街、夜市、购物中心等商业形态与空间形态，汇集了购物、餐饮、休闲娱乐等多项功能，是一个集体验武汉人文历史、了解武汉城市风貌、品尝餐饮美食等于一体的游憩商业区。

四　港珠澳大桥配套工程的二次开发建议

从见之于公众的资料中看，港珠澳大桥建设配套工程的二次开发现阶段暂时未有整体性安排。

本文认为，对于港珠澳大桥配套工程的二次开发，应基于可持续发展战略思维，参考国内外相关先进经验，从遗产建筑的保护及再利用出发，结合珠海市整体规划进行统筹和规划。

在此过程中，我们必须高度重视的政府文件包括：①《珠海市城市总体开发（2001—2020年）》（2015年修订）；②《港珠澳大桥国民经济评价方法与参数研究专题报告》；③《全国政协十二届四次会议提案第3383号》。此外，我们还应继续深入实地调查，收集与珠海及港澳地区、与珠港澳大桥配套工程（遗留建筑）相关的数据和资料，建立包含国内外相关研究、建设成果的电子数据资源库，努力实现决策的前瞻性与科学化。

作为初步思考，本文以唐家湾总营地片区和牛头岛沉管预制厂为例，对港珠澳大桥在两地的建筑遗留配套工程，提出简要开发建议，以供参考。

（一）唐家湾总营地片区

定位：集观光、文教于一体的旅游目的地

思考：唐家湾——淇澳岛片区的整体规划主要为休闲旅游目的地。在现阶段，该片区得益于其丰富的自然资源，吸引众多游客，但因古村落改造未有明显效果，其人文资源略显不足，未形成整体氛围。结合港珠澳大桥的历史意义，应对唐家湾总营地片区进行相应改造，在美丽的自然风光中加入人文情怀，丰富片区的旅游文化内涵，把整个片区打造成集观光、文教于一体的旅游目的地。

1. 设立全国首家交通博物馆

背景：全球大部分国家都有交通博物馆，例如美国纽约交通博物馆、英国伦敦交通博物馆、瑞士交通博物馆、日本的交通科学博物馆等。我国也有与交通相关的某些专类博物馆，如厦门的桥梁博物馆、泉州的海上博物馆、青岛的道路交通博物馆、江门市的广东省桥梁博物馆等。但现阶段我国暂未有以综合交通介绍为主题的交通博物馆，属于国内博物馆的空白点。

条件：珠海市建立全国首家交通博物馆的条件可谓得天独厚，在海陆空三方面均有其他城市不可比拟的优势。

（1）海：全球最长的跨海大桥的内陆唯一接口在珠海；百岛之市，拥有丰富的海上交通资源。

（2）陆：国内首先提出创立"以公共交通为导向"的TOD小镇开发模式在片区范围内，全市拟建立绿色环保的交通网络系统；轻轨建设及运营成熟，广珠铁路拟兴建。

（3）空：全国唯一由中央政府批准的，全球五大最具影响力的航展之一的中国国际航空航天博览会每年在珠海举行；民用航空业发展良好，私人飞机业务发展迅速，直升机旅游方兴未艾。

结论：综上所述，珠海市具备建立全国首家交通博物馆的条件和基础。唐家湾总营地片区，在珠海市的规划中，拥有综合的观光码头，TOD小镇建设等配套，与市区各地交通连接方便，与各旅游点间亦可建立海上交通关系。同时，作为港珠澳大桥在海上建设施工指挥的重要场所，配合其码头转运功能实施，在港珠澳大桥的历史上有较深刻意义。由此可见，在自然资源和人文资源方面，唐家湾总营地片区均拥有较强的优势，建议在此片区申请建立全国首家交通博物馆。

2. 建立唐家观光码头

2015年出台的《珠海市城市总体开发（2001—2020年）》规划，唐家湾总营地片区内的两个码头将改造为综合旅游开发码头。建议在此功能上，承载港珠澳大桥海上观光功能及市区旅游带"海上巴士"功能。

（1）海上观光：因港珠澳大桥实际运力、设计及三地通关政策所限，大桥上及大桥配套的东、西人工岛上，难以成为旅客观光停留的地方，而作为世界上最长的世纪大桥，近距离地一堵大桥风光，为世人所期待。为此，港珠澳大桥的海上观光线路发展潜力巨大。且大桥所经过的海域，有美丽的海岛及经常出没海面的中华白海豚，更增加了对游客的吸引力。

（2）海上巴士：观光码头承载珠海市重要景点的海上连接交通功能，设立海上巴士旅游线路，提升对旅客的吸引力。珠海市将在短时间内形成一条自北往南的城市旅游带：淇澳岛＋唐家湾营地——歌剧院＋珠海市博物馆——九州港游艇码头——拱北口岸——十字门区域——横琴长隆旅游区。这一条线路均是绕行珠海海岸线，可相应设立码头。参考日本东京水上巴士的设计，在运输过程中，加入高科技的客轮，连接重要景点，对于内陆游客有较大的吸引力。

3. 建设港珠澳大桥纪念广场

珠海市城市总体发展规划中提及，对于有代表性的工业遗址，可采用公园、文化产业基地或博物馆建造等灵活多样的方式进行保护。作为一个集观光、文教于一体的旅游目的地，规划建设港珠澳大桥纪念广场，既能突出区域的鲜明主题，又能反映出其特有的历史意义。纪念广场由纪念碑、科教馆和专利馆共同组成。

（1）港珠澳大桥纪念碑：以大桥及大桥建设者的形象为背景，建立流水线作业的港珠澳大桥纪念碑。

（2）港珠澳大桥科教馆：与博物馆内总体介绍交通情况不同，科教馆主要是围绕港珠澳大桥的建设展开。介绍桥梁的勘测、设计、施工、建设等各环节，突出港珠澳大桥的创新及科技含量。同时，设计影像馆，可播放中央电视台的《超级工程》纪录片第一集，介绍大桥建设的全过程。

（3）港珠澳大桥专利馆：在港珠澳大桥建设过程中，凝聚了各方建设者们的智慧，为此申请了数量庞大的专利，带来了较高的经济效益。珠海市政府在原建设用地开设专利馆，争取专利产生的经济效益落户珠海，同时，与牛头岛沉管预制厂共同形成专利的展示及制作基地，以实现产业效益的提升。

（二）牛头岛沉管预制厂

定位：经济桥头岛。

思考：牛头岛从地理位置及现有硬件上看，如果以纯旅游岛的设想，与珠海所拥有的众多岛屿相比并无优势。因此，改造考虑的主要方向可以是发展港珠澳大桥周边经济带，继续发挥其海岛特色，作为内陆经济不可替代的经济桥头岛，创造出更大的经济价值。

1. 船舶海工产业链

中国已成为船舶海工产业的制造大国，在过去两年，每年海工装备（含海工船）订单额近200亿美元，占全球订单的30%左右。《国家战略性新兴产业发展"十二五"规划》提出，航空、卫星、高铁、海洋工程、智能制造装备5大产业作为高端装备制造业，相关发展目标被分别加以明确，我国力争通过10年左右的努力，使高端装备制造业成为国民经济的支柱产业，销售产值占装备制造业的比例达到30%以上，高端装备国内市场满足率超过25%。在这样的大趋势下，船舶海工产业链必然在各地掀起抢占领地的高潮。船舶海工产业链有海洋工业装备制造与船舶产业，其主要包括船舶制造及维修、海洋工程装备、游艇、零部件、集装箱制造等行业。珠海市城市总体开发规划把高栏港定位为海洋工程装备建造区域和游艇建造区域，牛头岛可承接产业链的其中一个环节——船舶制造及船舶维修。同时，牛头岛利用现有码头及海港设施，可以配合高栏港海洋工程装备及游艇建造的中转运输需要，强化产业链的组合并发挥最大经济效益。

因港珠澳大桥建设需要，珠海把牛头岛建成了我国为数不多的深水海港之一。在此基础上，结合国内外市场需要，建议可以把牛头岛建为造船基地或维修基地。我国大型的船厂，如外高桥、大船、沪东、江南等基本上分布于长江经济带，利用牛头岛优越的自然资源建造船坞可以满足中国南海的船务运输业需要。

2. 沉管岛隧建设基地

港珠澳大桥建成以后，原资金及设备投入巨大的岛隧工程沉管预制厂的设备基本完成其历史使命。在此过程中，工业遗址的保护及再开发可以在原址复建，并赋予其新的使命。按现有的沉管岛隧工程建设量预估，牛头岛沉管预制厂持续运转，可以给当地带来就业岗位1230个，每年纳税额近5亿元。

我国未来规划有渤海海峡、琼州海峡、深中通道等多个大型海上交通工程，考虑采用海底沉管隧道连接的方式，将会对沉管预制生产设备产生持续需求。沉管预制需要的建筑用地大，技术要求高，浮运条件苛刻，一般厂房及海运条件难以满足。牛头岛沉管预制厂经过了多年的经验积累，其工厂化的流程工艺及相关技术要求获得了多项专利，代表了世界上沉管制造的最高水平。根据初步的预估，再改造牛头岛的部分设备，可满足周边沉管制造的需求，并可节省较大的制造成本。

参考文献

Nora Richter Greer, *Architecture Transformed*, Rockport Publisher, 1998.

黄琪：《上海近代工业建筑保护及再利用》，博士学位论文，同济大学，2007。

李燕：《工业遗产 走向生命的重生——聚焦我国工业遗产保护的现状与未来》，《中华建设》2010年第6期。

李英、陈越：《港珠澳大桥岛隧工程的意义及技术难点》，《工程力学》2011年第

2 期。

刘春:《基于码头文化视角的汉口滨江区开发研究》,《现代商贸工业》2010 年第
23 期。

刘学文:《中国文化创意产业园可持续设计研究》,博士学位论文,东北师范大学,
2015。

殷文慧:《国内旧工业建筑改造现状与分析》,《沿海企业与科技》2005 年第 9 期。

倪文岩:《建筑再循环理念及其中西差异之比较》,《建筑学报》2003 年第 12 期。

彭芳:《我国工业遗产立法保护研究》,硕士学位论文,武汉理工大学,2011。

冉维尧、吴伟进、唐音、王怡平:《城市综合体布局与 TOD 模式相结合来提升城
市交通——以杭州市城市发展布局为例》,《浙江建筑》2015 年第 1 期。

王金芳、刘畅:《武汉城区地片名称语用考察》,《湖北科技学院学报》2012 年第 8 期。

张天舒:《日本横滨港老港区改造简介》,《港口科技》2004 年第 12 期。

张小洁:《供需双驱英国创意产业》,《数据》2010 年第 4 期。

Further Exploitation of Supporting Projects for the Hong Kong-Zhuhai-Macao Bridge

He Jianyan

Abstract:Based on a case analysis of further exploitation and reconstruction of super projects at home and abroad,this work studies further exploitation of supporting projects for the Hong Kong-Zhuhai-Macao Bridge. Concerned with better recycling resources and sustainable economic development,the work seeks to provide an exploratory suggestion to tap the potential of its economic, social, scientific and ecological values.

Keywords:The Hong Kong-Zhuhai-Macao Bridge;Supporting Projects; Ruin/Leftover Architecture;Further Exploitation

国内外机器人产业发展现状与珠海机器人产业的崛起[*]

吴明友　杨立斌　宋长森^{**}

【摘要】 当前，国际机器人生产制造业迅速发展，全球机器人市场规模不断扩大，产品需求大增，主要发达国家和地区均将发展机器人技术及产业摆在科技发展的重要战略地位，不断更新机器人产业发展战略。我国近年来也制定了诸多机器人产业发展计划和政策，一批重要的机器人生产基地应运而生。珠海的机器人产业虽起步较晚，但拥有明显的经济社会区域优势。了解国内外机器人产业的发展现状，扬长避短，有助于本地政府和相关企业推动珠海机器人产业加速崛起。

【关键词】 机器人产业　珠海

一　国外机器人产业发展状况

（一）产业规模

根据《2017 年中国机器人产业发展报告》，全球机器人市场结构显示工业机器人占 63%（147 亿美元），服务机器人占 13%（29 亿美元），特

   * 本文为珠海市社科"十二五"规划 2015—2016 年度课题资助项目，编号：2015YB003。
  ** 吴明友，工学硕士，副教授/高级工程师/高级技师，北京理工大学珠海学院，主要研究方向：数控技术及机器人；杨立斌，工学博士，副教授，北京理工大学珠海学院，主要研究方向：新材料和力学；宋长森，工学硕士，副教授/工程师，北京理工大学珠海学院，主要研究方向：新能源（太阳能）汽车和电动汽车。

种机器人占 24%（56 亿美元）。[①]

2014 年全球工业机器人销量为 22.9 万台，比 2013 年增长 29%，其中亚洲销量约占三分之二，中国、韩国、日本、美国和德国五大市场的销量占全球工业机器人总销量的 75% 左右。2005～2014 年，全球工业机器人销量年均增速约为 14%。其中 2005～2008 年，工业机器人年均销量约 11.5 万台；而 2010～2014 年，年均销量达到 17.1 万台左右，较 2005～2008 年增长约 48.7%。

2014 年全球专用服务机器人销量为 2.4 万台，较 2013 年同比增长 11.5%；销售额达到 37.7 亿美元，较 2013 年同比增长 3%。2014 年，全球个人/家用服务机器人销量约为 470 万台，较 2013 年同比增长 28%；销售额达到 22 亿美元。[②]

（二）产业区域分布

1. 日本

自 2013 年以来，日本成为全球工业机器人第二大市场，近年来保持增长态势。据日本工业机器人协会统计，2014 年日本的工业机器人生产和安装总量为 12.7 万台，同比增长 30.5%；工业机器人产值达到 49.2 万亿日元，同比增长 24.2%。2014 年工业机器人新装机量为 2.9 万台，同比增长 17%。2014 年，日本生产的工业机器人按应用领域划分如下：喷漆机器人 4.2 万台，占总量的 33%；原材料运输机器人 2.6 万台，占总量的 20.2%；装配机器人 2.1 万台，占总量的 16.5%；清洁机器人 0.7 万台，占总量的 5.7%。[③]

2. 美国

美国是全球工业机器人第三大市场，2014 年市场规模达到 2.6 万台，同比增长 11%，主要归因于生产自动化的发展趋势以及美国启动制造业回归等。由于机器人本体利润较低，美国做机器人本体的企业很少，很多美国企业更加关注技术方面的突破，机器人更多地应用到军事、宇宙、海

---

① 中国电子学会：《2017 年中国机器人产业发展报告》，2017 年 8 月。
② 国际机器人联合会（IFR）：《Executive Summary_ WR 2015》，2016。
③ 国际机器人联合会（IFR）：《Executive Summary_ WR 2015》，2016。

洋、核工程等方面。①

2010～2013 年，美国机器人年销售额的复合年增长率平均为 18%。2013 年美国工业机器人的保有量为 21 万台，制造业的工业机器人密度为 152 台/万人。在部分自动化工业领域，工业机器人密度可以达到每 1111 台/万人。

3. 韩国

韩国是全球工业机器人第四大市场，2014 年市场规模达到 2.47 万台，同比增加 16%。汽车零部件供应商（特别是电池等电子零部件）继续增加了机器人的使用量，而其他行业几乎都减少了机器人购买量。2010～2014 年，韩国机器人产业几乎处于停滞状态。②

4. 德国

德国是世界第五大机器人市场，同时也是欧洲最大的机器人市场。2014 年，工业机器人市场规模达到 2 万台，同比增加 10%，达到有史以来最高纪录。2010～2014 年间年均增速约为 9%，增长的主要驱动力是汽车工业，其中汽车供应商增加了机器人的安装量，而汽车零部件供应商则减少了机器人的安装量。③

（三）产业主要特点

1. 工业机器人产销国高度集中

日本、韩国和德国是工业机器人主要产销国，其保有量和年度新增量都位居全球前列。2014 年，日本、韩国、德国机器人市场规模分别为 2.9 万台、2.1 万台、2 万台，三国市场之和占全球的 30.9%。2013 年日本、韩国、德国机器人保有量分别为 30.4 万台、15.0 万台、16.8 万台。韩国、日本的机器人密度在全球居前两位，2013 年，韩国每万名工人工业机器人拥有量为 437 台，日本为 323 台。相比之下，我国是工业机器人主要的引进国而不是生产国，2013 年我国机器人的新增量和保有量分别为 3.7 万台和 13.3 万台。

---

① 国际机器人联合会（IFR）：《Executive Summary_ WR 2015》，2016。
② 国际机器人联合会（IFR）：《Executive Summary_ WR 2015》，2016。
③ 国际机器人联合会（IFR）：《Executive Summary_ WR 2015》，2016。

2. 亚洲成为最重要的市场

据国际机器人联合会（IFR）统计，亚洲（包括澳大利亚和新西兰）是目前最大的机器人市场。2014 年工业机器人的销量达到约 13.9 万台，同比增长 41%。中国、日本和韩国的工业机器人新装机量分别在全球排名第一位、第二位和第四位，三个国家工业机器人市场规模占全球工业机器人销量的 47%。中国台湾自 2013 年以来，在工业机器人市场规模中排名第六位。2010～2014 年，机器人新装机量大幅增加，年均增长率达到 20%。2014 年工业机器人市场规模增加 27%，达到约 6900 台，但远低于排名第五位德国的 2 万台。泰国也是亚洲一个不断增长的机器人市场，其工业机器人市场规模排名世界第 8 位，2014 年约为 3700 台，占全球销量的不到 2%。①

3. 各国高度重视技术创新

面对机器人产业的蓬勃发展，各国不断深化技术研究。2015 年日本国家机器人革命小组发布了《机器人新战略》，高度重视对机器人产业发展影响重大的下一代技术和标准，具体推进人工智能、模式识别、机构、驱动、控制、操作系统和中间件等方面的下一代技术研发。美国 2013 年公布的《机器人路线图》部署了未来要攻克的机器人关键技术，包括非结构环境下的感知操作、类人灵巧操作、能与人类一起工作、具备在人类生产或生活真实场景中的自主导航能力、能自动理解人的行为和心理状态、具备人机交互能力、具备良好的安全性能等。2014 年欧委会和欧洲机器人协会下属的 180 个公司及研发机构共同启动全球最大的民用机器人研发计划"SPARC"，计划到 2020 年，欧委会投资 7 亿欧元，协会投资 21 亿欧元，共同推动机器人研发。

4. 产品向模块化等方向发展

从近几年全球推出的机器人产品来看，新一代工业机器人正在向模块化、智能化和系统化方向发展。首先，机器人结构的模块化和可重构化趋势日益明显，例如关节模块中的伺服电机、减速机、检测系统三位一体化，由关节模块、连杆模块用重组方式构造机器人整机；其次，工业机器人控制系统向着基于 PC 机的开放型控制器方向发展，伺服驱动技术的数

---

① 国际机器人联合会（IFR）：《Executive Summary_ WR 2015》，2016。

字化和分散化，多传感器融合技术的实用化，工作环境设计的优化和作业的柔性化，以及系统的网络化和智能化等成为重要的发展趋势；再次，工业机器人技术不断扩散延伸，正在嵌入工程机械、食品机械等传统装备，信息、材料的嵌入与应用，成为机器人的前沿技术。

5. 技术发展呈现四大趋势

（1）人机协作。随着对人类意图的理解、人机友好交互等技术进步，机器人从与人保持作业距离向与人自然交互并协同作业方面发展。

（2）自主化。随着执行与控制、自主学习与智能发育等技术进步，机器人从预编程、示教再现控制、直接控制、遥控操作等被操纵作业模式向自主学习、自主作业方向发展。

（3）信息化。随着传感与识别系统、人工智能等技术进步，机器人从被单向控制向自己存储、自己应用数据方向发展，像计算机、手机一样成为信息终端。

（4）网络化。随着多机器人协同、控制、通信等技术进步，机器人从独立个体向相互联网、协同合作方向发展。[1]

（四）世界主要国家和地区的机器人发展计划和政策

1. 美国

美国政府于2011年正式启动"先进制造业伙伴计划1.0"。2012年制定了"美国先进制造业国家战略计划"。2013年，美国发布了《机器人技术路线图：从互联网到机器人》。2014年又启动"先进制造业伙伴计划2.0"，瞄准1.0计划制定的目标，提出了加快创新、确保人才输送管道和改善商业环境三大战略措施。[2]

2. 欧盟

2014年欧委会和欧洲机器人协会下属的180个公司及研发机构共同启动全球最大的民用机器人研发计划"SPARC"。计划到2020年，欧委会投资7亿欧元，协会投资21亿欧元，共同推动机器人研发。[3]

---

[1]　工业和信息化部赛迪研究院：《中国机器人发展白皮书（2016版）》，2016年3月。

[2]　工业和信息化部赛迪研究院：《中国机器人发展白皮书（2016版）》，2016年3月。

[3]　工业和信息化部赛迪研究院：《中国机器人发展白皮书（2016版）》，2016年3月。

3. 英国

英国 2014 年发布机器人战略 RAS 2020，目的是通过发展使其机器人产业能够和全球领先的国家竞争，到 2025 年，市场份额达到全球产值 1200 亿美元的 10%。①

4. 日本

2015 年 1 月，日本国家机器人革命推进小组发布了《机器人新战略》，计划用五年时间完成成立机器人革命促进会、发展面向下一代技术、实施全球标准化战略等八项重点任务。2015～2020 年的 5 年间，日本计划扩大机器人研发投资，推进 1000 亿日元规模的机器人扶持项目。目标是到 2020 年使日本成为世界机器人创新基地，实现日本机器人应用广度世界第一，迈向领先世界的机器人新时代。②

5. 韩国

2010 年韩国发布了《服务型机器人产业发展战略》，计划到 2018 年将韩国机器人的全球市场份额提升至 20%。2012 年发布了《机器人未来战略展望 2022》，计划到 2022 年实现 25 万亿韩元的产业规模。2014 年发布了第二个智能机器人开发五年计划，首要发展服务机器人。③

二　我国机器人产业的发展状况

（一）产业规模

根据《2017 年中国机器人产业发展报告》，我国机器人市场结构显示工业机器人占 67%（42.2 亿美元），服务机器人占 21%（13.2 亿美元），特种机器人占 12%（7.4 亿美元）。④

据中国机器人产业联盟最新统计数据，2015 年国产工业机器人市场总体保持稳定增长。2015 年上半年共销售工业机器人 11275 台，同比增长

---

① 工业和信息化部赛迪研究院：《中国机器人发展白皮书（2016 版）》，2016 年 3 月。
② 工业和信息化部赛迪研究院：《中国机器人发展白皮书（2016 版）》，2016 年 3 月。
③ 工业和信息化部赛迪研究院：《中国机器人发展白皮书（2016 版）》，2016 年 3 月。
④ 中国电子学会：《2017 年中国机器人产业发展报告》，2017 年 8 月。

76.8%，按可比口径销量增长 27%，是上年全年销售量的 66.5%，其中工厂用 AGV 销售 631 台，占总销量的 5.6%，三轴及以上工业机器人销售 10644 台。2015 年全年国产工业机器人销售总量超过 22000 台，同比增长 30% 左右。[①]

2014 年，我国工业机器人市场规模达到 5.7 万台，约占全球销量的 1/4，同比增长 56%。其中，中国机器人供应商装机量约 1.6 万台，同比增长 78%。国外机器人供应商装机量约 4.1 万台，同比增长 49%。[②]

（二）区域分布

近年来，在需求快速增长及国家自主创新政策作用下，国内一大批企业或自主研制或与科研院所合作，进入机器人研制和生产行列，我国工业机器人和服务机器人分别进入了初步产业化和产业孕育阶段。其中，工业机器人发展已形成环渤海、长三角、珠三角和中西部四大产业集聚区。沿海经济发达地区是国内工业机器人的主要市场，我国工业机器人的使用主要集中在广州、江苏、上海、北京等地，其工业机器人拥有量占全国一半以上，珠三角地区市场应用空间大。[③]

1. 长三角地区实力雄厚，发展水平较高

长三角地区凭借良好的电子信息产业基础，在发展机器人产业方面拥有得天独厚的先发优势，机器人产业发展较早、实力雄厚。该地区以上海、无锡、昆山、南京、苏州、杭州为中心，通过引进国外公司，工业机器人发展水平较高，其中安川、ABB、库卡、发那科四大家在上海均有建厂。国内代表企业有埃斯顿、华恒焊接、沈阳新松（上海）分公司。研究机构有上海交大、上海大学、上海电气中央研究院等。[④]

2. 珠三角地区控制系统占有优势，市场应用空间大

珠三角地区控制系统占有优势，广州数控作为中国南方数控产业基地，一直致力于控制系统研究，是国内技术领先的专业成套机床数控系统

① 工业和信息化部赛迪研究院：《中国机器人发展白皮书（2016 版）》，2016 年 3 月。
② 国际机器人联合会（IFR）：《Executive Summary_ WR 2015》。
③ 中国电子学会：《2017 年中国机器人产业发展报告》，2017 年 8 月。
④ 中国电子学会：《2017 年中国机器人产业发展报告》，2017 年 8 月。

供应商,是国内最大的机床数控系统研发和生产基地,年产销数控系统连续 13 年全国第一,占国内同类产品市场的 1/2 份额。国内代表企业有广州数控、固高、深圳新松、瑞松等。研究机构有中国科学院深圳先进技术研究院、广州机械科学研究院等。①

3. 环渤海地区科研实力较强,龙头企业牵引作用明显

环渤海地区以北京、哈尔滨、沈阳为代表,科研实力较强,研究机构有中国科学院沈阳自动化研究所、中科院自动化研究所、哈工大、北航等,在机器人方面取得显著科研成果,具有人才培养优势。国内代表企业有沈阳新松、哈工大集团、哈博实等,均属于行业龙头企业,龙头企业牵引作用明显。②

4. 中西部地区借助外部科技资源,发展势头强劲

中西部地区机器人产业起步较晚,近年来借助外部科技资源,发展势头强劲。典型案例有安徽埃夫特依托哈工大科技资源,近年来发展迅猛,快速成长为行业龙头企业。国内代表企业有埃夫特、武汉奋进、长沙长泰、安徽巨一等。研究机构有重庆中科院等,本地科研资源不足。③

(三) 典型机器人产业园

1. 上海机器人产业园

上海机器人产业园位于上海市宝山区,成立于 2012 年,占地面积4635 亩,园区以建设装备制造产业技术创新引领示范区为目标,经过多年的发展,园区产业规模不断扩大,其中工业机器人、医疗制造机器人、安全防卫机器人、教育服务机器人等行业均有显著突破。到 2017 年,园区计划招商引资额度超过 200 亿元,引进国内外相关企业 600 家左右,就业人数超过 3 万人。④

2. 常州武进机器人及智能装备产业园

常州武进机器人及智能装备产业园位于江苏武进高新区,规划面积高

---

① 工业和信息化部赛迪研究院:《中国机器人发展白皮书 (2016 版)》,2016 年 3 月。
② 工业和信息化部赛迪研究院:《中国机器人发展白皮书 (2016 版)》,2016 年 3 月。
③ 工业和信息化部赛迪研究院:《中国机器人发展白皮书 (2016 版)》,2016 年 3 月。
④ 工业和信息化部赛迪研究院:《中国机器人发展白皮书 (2016 版)》,2016 年 3 月。

达 6.15 平方公里。常州武进机器人及智能装备产业园已形成以智能纺机、数控机床、工程机械、轨道交通等为代表的产业集群，集聚企业超过 50 余家。2015 年 1 月至 8 月，常州武进机器人及智能装备产业园完成总投资193 亿元，超过工业总投资的 50%。①

3. 芜湖机器人产业园

芜湖机器人产业园位于安徽省芜湖市，规划面积超过 3.5 平方公里，成立于 2013 年底，园区产业类别涵盖机器人本体、核心零部件的制造研发体系及系统成套装备集成应用、研发中心、机器人主题公园等。截至 2015年末，园区已有 49 家企业落户，累计实施机器人产业重点项目 61 个，总投资超过 100 亿元；在建项目 52 个，累计投资 68 亿元，产业集群效应不断增强。②

4. 哈南工业新城机器人产业园

哈南工业新城机器人产业园位于哈尔滨市，成立于 2012 年，规划面积3 平方公里。一期规划规模 10 万平方米，总投资 3 亿元，重点开展机器人订制厂房、研发中心、中试基地及生产基地等工程建设，为孵化成功和后续涌入的机器人产业化项目提供承接载体。截至 2015 年末，园区已有工业机器人、服务机器人和特种机器人三大类型 50 家企业入驻并研发生产，注册资本突破 3 亿元。③

（四）国家机器人发展计划和政策

近年来，我国陆续出台了一系列支持机器人产业发展的政策。2012 年国家在多个"十二五"专项规划中对机器人产业的发展进行部署；2013 年出台了《关于推进工业机器人产业发展的指导意见》；2015 年发布的《中国制造 2025》及其重点领域技术路线图，进一步明确了我国机器人产业的发展方向；2016 年发布的《机器人产业发展规划（2016—2020 年）》为机器人产业在"十三五"期间的发展起到指导作用。④

---

① 工业和信息化部赛迪研究院：《中国机器人发展白皮书（2016 版）》，2016 年 3 月。
② 工业和信息化部赛迪研究院：《中国机器人发展白皮书（2016 版）》，2016 年 3 月。
③ 工业和信息化部赛迪研究院：《中国机器人发展白皮书（2016 版）》，2016 年 3 月。
④ 工业和信息化部赛迪研究院：《中国机器人发展白皮书（2016 版）》，2016 年 3 月。

（五）地方机器人产业政策

近年来，在国家政策和国内市场需求的带动下，面对庞大的机器人市场前景，各地纷纷制定机器人产业规划，出台相关政策扶持机器人产业发展。具体有：2013 年 8 月南京市《加快推进南京市工业机器人产业发展的工作意见》、2013 年 10 月重庆市《重庆市人民政府关于推进机器人产业发展的指导意见》、2014 年 5 月广州市《关于推动工业机器人及智能装备产业发展的实施意见》、2014 年 6 月青岛高新区《青岛国家高新区机器人产业发展规划》、2014 年 7 月湖北省《湖北省推动工业机器人产业发展实施意见》、2014 年 8 月东莞市《关于加快推动工业机器人智能装备产业发展的实施意见》、2014 年 9 月长沙市《工业机器人产业发展三年行动计划（2015—2017 年）》、2014 年 11 月上海市《关于上海加快发展和应用机器人促进产业转型提质增效的实施意见》、2014 年 11 月深圳市《深圳市机器人、可穿戴设备和智能装备产业发展规划（2014—2020 年）》、2015 年 12 月洛阳市《河南省人民政府关于支持洛阳市建设机器人及智能装备产业基地的意见》。[①]

（六）我国机器人产业发展存在的主要问题

1. 自主创新能力不强

尽管我国基本掌握了机器人本体设计制造、控制系统软硬件、运动规划等工业机器人相关技术，但总体技术水平与国外相比，仍存在较大差距。我国缺乏核心及关键技术的原创性成果和创新理念，精密减速器、伺服电机、伺服驱动器、控制器等高可靠性基础功能部件方面的技术差距尤为突出，长期依赖进口。

2. 产品以中低端为主

国产工业机器人以中低端产品为主，主要是搬运和上下料机器人，大多为三轴和四轴机器人，应用于汽车制造、焊接等高端行业领域的六轴及以上高端工业机器人市场主要被日本和欧美企业占据，国产六轴工业机器

---

① 工业和信息化部赛迪研究院：《中国机器人发展白皮书（2016 版）》，2016 年 3 月。

人占全国工业机器人新装机量不足10%。同时还要承受来自国外产品激烈竞争的巨大压力。2014年国产工业机器人在我国销量为1.6万台，在市场总额中占比不到30%。外资企业积极扩产，并且从整机组装深入到关键部件生产。①

3. 企业成本压力大

我国核心部件长期依赖进口的局面依然难以改变，企业成本压力大。2015年，我国约有75%的精密减速器由日本进口，主要供应商是哈默纳科、纳博特斯克和住友公司等；伺服电机和驱动超过80%依赖进口，主要来自日本、欧美和中国台湾地区。关键零部件大量依赖进口，导致国内企业生产成本压力大，相较于外企，国内企业要以高出近4倍的价格购买减速器，以近2倍的价格购买伺服驱动器。②

4. 自主品牌认可度不高

我国机器人市场由外企主导，自主品牌亟须发展壮大。用户企业已经习惯使用国外品牌，特别是使用量最大、对设备品质要求最高的汽车和电子工业，导致自主品牌的本体和零部件产品不能尽快投入市场，甚至有成功应用经验的产品也难以实现推广应用。此外，我国工业机器人生产企业规模普遍偏小。近90%的企业规模在1亿元以下，我国的龙头企业沈阳新松，2015年销售收入达到16.9亿元，与安川、发那科、库卡等销售收入均超过百亿元人民币的外企相比，规模仍然偏小。③

5. 行业标准有待进一步规范

我国在机器人方面缺乏行业标准和认证规范，势必造成质低价廉的恶性竞争。一方面，企业在设计产品时缺乏统一的物理安全、功能安全、信息安全等规范指标，技术尚未成熟便抢先上市，导致国产机器人产品质量参差不齐；另一方面，行业进入门槛低，部分企业未找准产品定位便盲目投入，忽略技术研发，产品以组装为主，造成大量低端产能。④

---

① 工业和信息化部赛迪研究院：《中国机器人发展白皮书（2016版）》，2016年3月。
② 工业和信息化部赛迪研究院：《中国机器人发展白皮书（2016版）》，2016年3月。
③ 工业和信息化部赛迪研究院：《中国机器人发展白皮书（2016版）》，2016年3月。
④ 工业和信息化部赛迪研究院：《中国机器人发展白皮书（2016版）》，2016年3月。

三 珠海市机器人产业现状

珠海有 ABB 机器人（珠海）有限公司、珠海市运泰利自动化设备有限公司、广东和氏自动化技术股份有限公司和珠海云洲智能科技有限公司四家企业入选首批广东省机器人骨干企业。以格力和 ABB 为代表的机器人和智能装备系统产业，是珠海智能制造产业发展的重点。根据《珠海市关于促进智能制造产业发展的实施意见》，2017 年，格力国际智能制造基地和高新区 ABB 机器人产业园两大机器人主基地初步建成，珠海机器人及相关配套产业产值超 100 亿元。到 2025 年，建成全省智能制造发展示范引领区和具有国际竞争力的智能制造产业集聚区。

（一）珠海市机器人企业概况

1. 珠海格力智能装备有限公司

珠海格力智能装备有限公司是格力电器旗下的全资子公司，2013 年，格力组建智能装备研发团队，2015 年 9 月 15 日注册成立了珠海格力智能装备有限公司。重点研发生产工业机器人、服务机器人、数控机床、机械手、智能双向移载式 AGV 等产品。为了自主研发智能装备，格力每年的投入都在 50 亿元至 60 亿元，累计投入 150 亿元。格力已经在珠海设立了珠海吉大机床研制基地、珠海北岭自动化装备研制基地和珠海南水机器人研制基地三个研发和生产基地。

2. 珠海智新自动化科技有限公司

智新公司成立于 2013 年 1 月，是集机器人研发、制造、销售、培训于一体的专业自动化公司，具有高度垂直整合之制造能力。有核心的机械、电气研发部门，先进的机加工车间、装配调试车间。拥有一支朝气蓬勃、高素质的年轻的设计队伍，技术力量雄厚，配套设施齐全，具有较强的设计、开发及生产能力。公司 2016 年的销售目标是 1.3 亿元。

3. 广东和氏自动化技术股份有限公司

广东和氏自动化技术股份有限公司，始创于 2004 年，是国内领先的集研发、生产及销售为一体的高端智能装备解决方案供应商，拥有多项专利及软件著作权，具有完全自主知识产权，是国家高新技术企业。

4. 珠海市贝尔机器人有限公司

珠海市贝尔机器人有限公司是一家专业从事集智能服务机器人研发、生产、销售、服务于一体的高科技企业，拥有15年汽车制造经验和13年软件开发经验。

目前公司产品涵盖迎宾互动机器人、餐饮服务机器人、点餐收银机器人、解说机器人、仿生仿真智能机器人等，公司还具有无人机开发技术、汽车无人驾驶开发技术以及智慧餐厅软件开发技术等。

（二）珠海国家高新技术产业开发区机器人产业方面的重大举措

珠海国家高新技术产业开发区（简称"珠海市高新区"），是全国54个国家级高新区之一，占地总面积9.8平方公里。

1. 瑞士 ABB 机器人项目落户珠海高新区

2015年5月14日，珠海高新区管委会与上海 ABB 工程有限公司签订了正式的投资合作协议，ABB 机器人项目开始筹备落户珠海高新区，并致力于打造华南地区规模最大的工业机器人研发、生产、销售和应用集成中心。2015年8月22日，ABB 机器人（珠海）有限公司在珠海高新区金鼎工业园正式开业并投入运营。

2. 规划占地1000亩、预计产值800亿元的机器人产业核心园区

2015年10月，珠海市高新区在北围 TOD 区域规划占地面积1000亩的机器人产业核心园，重点引进机器人研发、生产、销售和应用集成企业。目前园区项目第一期180亩孵化器产业用地已由国机（珠海）机器人科技园有限公司顺利摘牌，项目总投资40亿元人民币。国机（珠海）机器人科技园作为高新区机器人产业发展的主要载体，已成功申报省市共建战略性新兴产业基地，并获得广东省战略性新兴产业政银企合作专项资金1200万元扶持。项目建成后，园区企业年产值预计超过800亿元。[①]

[①]《高新区以机器人产业为重点打造智能装备制造产业》，《珠海特区报》，http://zh. southcn. com/content/2015－10/30/content_135910329. htm，2018年1月2日。

3. 进一步抓好重点项目引进

珠海高新区将进一步抓好重点项目引进，将智能机器人产业作为招商引资重点，定期组织面向欧美日等国家和地区以及国内重点城市的招商活动，重点引进一批具有核心技术的知名机器人公司在高新区设立研发中心和制造基地，带动和辐射产业上下游其他机器人企业落户，完善机器人产业链。

"在ABB公司已落户的基础上，高新区将重点引进德国库卡，日本安川、发那科，沈阳新松等国内外知名机器人制造企业，提高产业集聚度。"高新区相关负责人表示，高新区将围绕智能机器人产业发展需求，建设由国机机器人科技园为主导，机器人骨干企业、高等院校、科研机构共同参与的机器人研究院。

大力引进掌握机器人核心技术的高层次人才和创新创业团队，实现"引进一个专家或团队，突破一项关键技术"。高新区相关负责人表示，加强机器人领域粤港澳合作，积极对接香港科技大学、澳门大学等港澳高校、科研机构优势人才和项目资源，积极引进高端人才和项目团队，推进优质科技成果产业化。

今后高新区将鼓励金融资本和产业资本参与建设机器人专业领域孵化器。利用新建孵化载体，完善机器人产业公共服务平台，提供系统、全面的服务配套，推动以产业链为纽带、资源要素集聚的机器人产业集群建设。加快建设智能制造"创客空间"，鼓励机器人工程师创新创业，完善"机器换人"生态圈。孵化培育机器人领域中小科技企业，打造华南片区机器人产业研发和生产基地，形成新的百亿级机器人产业集群。

在重点工业领域实现机器人规模化应用，加快产业转型升级。根据高新区产业发展实际，围绕汽车、机械、电子等工业机器人应用以及医疗健康、家庭服务等服务机器人应用需求，积极研发新产品，促进机器人标准化、模块化发展，扩大市场应用。落实鼓励企业购买机器人"首台套"政策，扶持传统装备制造业、劳动密集型企业利用工业机器人及智能技术，不断推进"机器换人"和产业转型升级。

作为珠海市发展"三高一特"产业体系的重要载体和经济发展的三大引擎之一，经过20多年的发展，珠海高新区主园区形成了以名牌大学和高新技术企业集群为依托，集"产学研政孵投"于一体的高科技产业走廊。

4. 经营权力下放，科技园让企业当家

机器人产业正在成为新工业革命的一个切入点和重要增长点，要想从机器人技术和产业的"跟跑者"跃升为"领跑者"，并不容易。

众所周知，机器人产业作为国家新兴战略产业之一，因其技术附加值高、应用范围广，对工业生产和社会发展起到越来越重要的作用，但究竟如何发展，大家都处于摸索阶段。此外，尽管这几年中国机器人产业发展迅速，但依然处于弱势地位，自主品牌薄弱、核心零部件研发滞后、产品认知度与附加值低、低端产能过剩等一系列问题日益突出。[1]

机会稍纵即逝。如何发展？"结合实际，我们确定了引资、引智、引技相结合，以机器人科技园为载体，吸引国内外行业龙头企业落户，打造机器人全产业链的思路。"珠海高新区管委会投资促进中心负责人说。[2]

根据规划，机器人科技园规划产业用地总面积约1000亩，项目总投资人民币40亿元。科技园以ABB等机器人企业功能配套为主导，以广东省内升级换代的企业为目标客户，以机器人集成应用为核心主题，打造智能装备制造及应用服务集聚区，首期用地180亩。机器人科技园的落地并不顺利。以往发展机器人产业的地区，多是采用传统的政府招商引资模式，将吸引国外机器人投资建厂作为发展和壮大本地机器人产业的头等要务来抓。这种模式虽然可以很快生产出成熟的机器人产品，但代价是严重挤压国内机器人企业的发展和生存空间，不利于机器人产业的长远发展。[3]

正如中国工程院院士蔡鹤皋所说，"外国的机器人企业都跑到中国建厂，我们不能把中国的机器人市场拱手让给外国人，要发展自己的工业技术产业，用具有自主知识产权的国产机器人占领中国市场。""打造具有自主知识产权的国产机器人是我们的目标，我们决定放手给企业，让企业来

---

① 《珠海新区打造机器人产业"珠海力量"》，中国智能制造网，http://www.gkzhan.com/news/detail/65668.html，2018年1月2日。

② 《珠海新区打造机器人产业"珠海力量"》，中国智能制造网，http://www.gkzhan.com/news/detail/65668.html，2018年1月2日。

③ 《珠海新区打造机器人产业"珠海力量"》，中国智能制造网，http://www.gkzhan.com/news/detail/65668.html，2018年1月2日。

打造。因此，在前期筹备过程中，我们耗费了大量的时间筛选合作伙伴。"这位负责人说。①

经过激烈角逐，国机（珠海）机器人科技园有限公司脱颖而出。"之所以选择国机（珠海）机器人科技园有限公司这家民营企业，一方面是看重他们与 ABB 集团长期的合作伙伴关系，产业基础和科研实力强，另一方面，是希望最大程度焕发民营企业的活力，将机器人科技园打造成为国内机器人产业示范基地，充分发挥其示范性、引领性、辐射性、带动性作用，服务更多工业企业。"该负责人说。②

不仅如此，未来，机器人科技园着力搭建机器人企业发展的公共服务平台，提供专业、系统和全面的孵化服务配套，重点引进国际和国内行业龙头企业，加快机器人研发、生产、销售和应用集成企业的集聚。机器人科技园仅仅是珠海高新区布局机器人产业的一隅。申科谱自动化、运泰利、云洲智能等一批智能机器人生产和应用型企业稳步推进研发和产业化进程，为高新区机器人产业发展不断注入新活力。③

"今后，高新区将重点引进德国库卡，日本安川、发那科，沈阳新松等国内外知名机器人制造企业，提高产业集聚度。"高新区相关负责人表示，高新区将围绕智能机器人产业发展需求，建设以国机机器人科技园为载体，机器人骨干企业、高等院校、科研机构共同参与的机器人研究院，构建机器人公共技术服务平台，为产业发展提供产业基础保障。④

5. 产业先行，政策力挺

在机器人产业核心园区建设工作快速推进的同时，《珠海高新区扶持机器人产业发展办法（试行）》2015 年 5 月正式印发，对首台套补贴、场地补贴、研发创新类补贴、公共平台建设补贴等都制定了详细的办法，对

---

① 《珠海新区打造机器人产业"珠海力量"》，中国智能制造网，http://www.gkzhan.com/news/detail/65668.html，2018 年 1 月 2 日。

② 《珠海新区打造机器人产业"珠海力量"》，中国智能制造网，http://www.gkzhan.com/news/detail/65668.html，2018 年 1 月 2 日。

③ 《珠海新区打造机器人产业"珠海力量"》，中国智能制造网，http://www.gkzhan.com/news/detail/65668.html，2018 年 1 月 2 日。

④ 《珠海新区打造机器人产业"珠海力量"》，中国智能制造网，http://www.gkzhan.com/news/detail/65668.html，2018 年 1 月 2 日。

机器人产业从科技、金融、人才、空间等方面进行全方位重点扶持，从制度上大力推动机器人产业加速发展和"机器换人"计划的实施。此外，《珠海高新区产业发展与创新人才奖励办法》《珠海高新区管委会关于实施引进培育人才"凤凰计划"的意见》《珠海高新区产业人才共有产权住房管理实施办法》《珠海高新区天使投资扶持办法（试行）》等政策的落地，也为更多优质机器人产业人才落户珠海高新区提供了强有力的保障。

四 珠海市机器人产业培育的决策建议

（一）完善政策扶持体系

在资金、税收、产品销售补贴等方面出台相应的扶持政策，提高国产工业机器人使用率。落实生产企业税收优惠政策；扩充《首台（套）重大技术装备推广应用指导目录》，以促进自主品牌工业机器人的研发和应用。研究制定行业应用指导政策。例如，对于一些有毒、有害、存在危险的工作岗位，必须以机器人代替人工；对于高温、高噪声等环境恶劣的工作岗位，鼓励以机器人代替人工。允许成立租赁公司促进小企业对于机器人的使用。另外，鼓励金融资本、风险投资及民间资本参与机器人产业，支持符合条件的企业在海外资本市场直接融资。[①]

（二）加大技术研发力度

加快技术研发，突破产业技术瓶颈。针对应用需求，开展工业机器人全生命周期可靠性和制造工艺技术研究，攻克关键零部件技术并实现产业化。充分利用和整合现有资源，继续推进研发平台、应用验证平台和整机及关键部件检测中心的建设工作。建设人工智能、感知、识别、驱动和控制等下一代技术研发平台，同时关注没有被现有机器人技术体系所纳入的如能源、大数据、安全和材料等领域的技术创新。[②]

---

① 工业和信息化部赛迪研究院：《中国机器人发展白皮书（2016版）》，2016年3月。
② 工业和信息化部赛迪研究院：《中国机器人发展白皮书（2016版）》，2016年3月。

（三）深入开展示范应用

围绕加快发展智能制造的需求，推动典型应用示范工程，在汽车、电子、纺织、物流、国防军工、民爆、制药、半导体、食品等行业开展自主品牌工业机器人的应用示范。推进减速器、控制器、伺服电机及驱动器、传感器等关键零部件的产业化示范应用。[①]

（四）集中突破重点产品

以市场需求为导向，集中主要的技术力量和资金，重点突破面向汽车、电子等高端应用领域的 2 ~ 3 种工业机器人，掌握总体技术，并形成规模应用，进而带动我国工业机器人相关零部件生产企业的发展。根据客户多样化的需求特点，选择细分市场推出一些性价比高的产品，逐步抢占国内中小企业用户市场。[②]

（五）加强人才队伍建设

切实推进产学研一体化人才培养模式，建立校企联合培养人才的新机制。依托中科院、名牌大学研究所等知名研究机构，通过实施大型合作项目，联合企业培养出从研发、生产、维护到系统集成的多层次技术人才。运用职业培训、职业资格制度，通过实际项目锻炼来培育人才。加强高层次人才引进，吸引海外留学人员回国创新创业。[③]

参考文献

国际机器人联合会（IFR）：《Executive Summary_ WR 2015》，2015。

工业和信息化部赛迪研究院：《中国机器人发展白皮书（2016 版）》，2016。

中国电子学会：《中国机器人产业发展报告（2017 年）》，2017。

---

① 工业和信息化部赛迪研究院：《中国机器人发展白皮书（2016 版）》，2016 年 3 月。
② 工业和信息化部赛迪研究院：《中国机器人发展白皮书（2016 版）》，2016 年 3 月。
③ 工业和信息化部赛迪研究院：《中国机器人发展白皮书（2016 版）》，2016 年 3 月。

张莉：《解读中国制造 2025》，《今日中国》2015 年第 7 期。

《中国制造 2025 激活十大制造业领域（组图）》，OFweek 工控网，http：//
gongkong. ofweek. com/2015 – 06/ART – 310058 – 8420 – 28970010. html，2018 年 1 月
2 日。

《"中国制造 2025"试点示范城市花落谁家》，OFweek 工控网，http：//gongkong.
ofweek. com/2016 – 08/ART – 310006 – 8100 – 30029186. html，2018 年 1 月 2 日。

《扛旗"中国制造 2025"宁波"智造"首获 500 亿输血》，OFweek 工控网，
http：//gongkong. ofweek. com/2016 – 09/ART – 310003 – 8100 – 30042037. html，2018 年
1 月 2 日。

《ABB 拟在珠海建华南最大工业机器人基地》，中国机器人网，http：//www. robot-
china. com/news/201405/20/10423. html，2018 年 1 月 2 日。

易观智库：《机器人引领时代变革》，《服务机器人市场专题研究报告 2015》（简
版），2015。

肯卓市场研究工业品事业部：《2013 年中国机器人产业市场动态研究报告》，
2014。

《高新区以机器人产业为重点打造智能装备制造产业》，《珠海特区报》，http：//
zh. southcn. com/content/2015 – 10/30/content_ 135910329. htm，2018 年 1 月 2 日。

《珠海新区打造机器人产业"珠海力量"》，中国智能制造网，http：//www. gkzhan.
com/news/detail/65668. html，2018 年 1 月 2 日。

The Status Quo of Global Robot Industry Development and the Rise of Robot Industry in Zhuhai

Wu Mingyou   Yang Libin   Song Changsen

Abstract：Nowadays, robot manufacturers throughout the world are in a period of fast growth. The robot market size and demand keep expanding. In major developed economies, robotics and related Sectors are among the significant development strategies which are actively updated from time to time. In recent years, series of plans and policies concerning robot industry development have been made in China, and a bunch of robot production bases have emerged as a result. Not the earliest starter in robot industry though, Zhuhai has her own economic, social and geographical advantages. With the knowledge of status quo of global robot industry development, by taking the advantages and bypassing the disadvantages, the local government and related companies will propel the robot industry to a speeding rise.

Keywords: Robot Industry; Zhuhai

珠海航空文化建设与航空旅游发展[*]

阚兴龙^{**}

【摘要】本文基于珠海航空文化建设与航空旅游发展现状，结合国家低空空域管理改革的突破以及广东省航空产业发展的重大举措，探讨与其相关的珠海航空文化建设及与航空旅游互动融合的发展战略，以期丰富国内相关研究成果，填补珠海相关研究空白，推动珠海航空文化建设及航空旅游产品的开发创新。

【关键词】航展　航空文化　航空旅游　珠海

一　珠海航空文化建设与航空旅游发展现状

（一）珠海航空文化建设现状

1. 航展成为珠海名片

自 1996 年以来，每逢双年在珠海举行的中国国际航空航天博览会［简称"中国（珠海）航展"，或"珠海航展"］，是由中央政府批准、珠海航展有限公司承办的国际性专业航空航天展览，它以实物展示、贸易洽谈、学术交流和飞行表演为主要内容。20 年来，"珠海航展"已发展成为集贸易性、专业性、观赏性为一体的，代表当今国际航空航天业先进科技主流，展示当今世界航空航天业发展水平的盛会，跻身于世界五大航展之

＊　本研究来源于珠海市社科"十二五"规划 2016 年度课题，项目编号：2015ZD009；项目组成员还包括李辉、郭佳楠、孙巧耘等。

＊＊　阚兴龙，吉林大学珠海学院旅游管理系副主任，博士，主要研究方向为区域经济、旅游规划。

列。中国（珠海）航展作为国家行为，得到了党和国家领导人的高度重视。历届航展的成功举办，成为珠海城市发展和产业转型的助推器，助推珠海围绕航空产业，加快经济转型升级。随着"珠海航展"的逐渐成熟和地位的提高，珠海也成为中国航天重镇，在航天航空的改革中取得了优先发展的机会，其国际影响力和声誉不断提高。

伴随"珠海航展"规模和品质的快速发展，珠海市为完善其配套设施，大力推进交通基础设施的完善、高端酒店的配套建设、市容市貌的改造提升。持续20余年的"珠海航展"，以绚丽的飞行表演、日益丰富的尖端航空航天科技成果展示，让社会各界看到航空航天产业的无限前景，促进了产业的发展，带动一批公司和组织投身于推广航天文化的工作中。

2. 航空文化嘉年华

首届珠海航空文化嘉年华在2016年1月23日拉开帷幕，成为航空文化传播新平台。[1] 航空文化嘉年华由珠海航空运动协会、珠海市文化产业协会、珠海市体育产业协会联合主办，为期三天，推出航模飞行比赛、多机编队飞行表演、静态航模展、无人机展、飞行游戏互动和模拟机体验等活动，成为能贴近群众、人人参与、覆盖面广影响力大的、富有娱乐性和竞争性航空文化项目。

活动当天，除了航空爱好者到场参加外，院校学生和亲子观众成为主流。有家长表示：自己从孩子小时候起，就开始有计划地带他参加航展，观看航模，还购买一堆有关航天方面的少儿读物，从小培养孩子对航空知识的兴趣。举办航空文化盛事，不仅促进了珠海航空产业和航空文化旅游的发展，更使航空文化传播得更为广泛，航空知识更为亲民。

3. 航空教育开始起步

在航空教育方面，珠海也进行了战略性规划并取得实质性的进展。市政府除了全力推动航空产业发展，设计、完善航空航天新布局等事宜外，还大力发展航空教育。北京理工大学珠海学院、吉林大学珠海学院、广东科学技术职业学院、珠海城市职业技术学院相继成立了航空相关专业。其

---

① 殷贝、张穗湘：《航空文化嘉年华航模竞技 直飞飞翻滚帅飞全场》，http://zh.southcn.com/content/2016-01/24/content_141380295.htm，2018年1月2日。

中，北京理工大学珠海学院是华南地区唯一设置航空学院的二本院校；广东科学技术职业学院和珠海城市职业技术学院，作为全日制普通高等职业院校，在校内开设了空乘专业，储备相应航空人才。

（二）珠海航空旅游发展现状

1. 航空大世界项目落地将成为航空旅游龙头

航空大世界项目落户珠海，将建全球首个世界级航空文化旅游目的地。中航国际将投资 300 亿元在珠海建设航空大世界项目，2015 年 12 月 3 日，在珠海举行的第二届世界广府人恳亲大会上，珠海市人民政府与中国航空技术国际控股有限公司（中航国际）举行了"中航·航空大世界"投资合作框架协议签约仪式。[①]

航空大世界是展示航空科技文化的旅游综合体，不仅覆盖了社会上已经存在的博物馆、科技馆和主题公园内容，而且还将探索"航空博物展示＋航空科技文化体验＋航空旅游休闲＋航空科技创新"的产业发展新形态，提供文化旅游行业全新的体验产品。让人们真正体验航空、了解航空、参与航空、热爱航空，培养国人的航空意识，助力中国航空事业发展。航空大世界建成后，珠海将拥有"永不落幕的航展"。

2. 爱飞客俱乐部开创系列航空旅游项目

2013 年 12 月 31 日，以众多粉丝凝聚平台，以娱乐飞行作为主营业务的珠海爱飞客俱乐部在珠海金湾机场顺利完成民航局现场验证飞行，标志着珠海爱飞客航空俱乐部私人飞行驾照培训、个人娱乐飞行的通用航空服务平台初步搭建完成，筹建工作全部完成，进入正式运营阶段。运营至今，爱飞客已成功举办一系列推广活动，并且形成了成熟的旅游项目和产品，为航空文化的推广做出很大贡献。

爱飞客俱乐部在珠海运营 2 年，不断推出低空旅游项目和产品。开展了一系列活动，在致力于航空文化传播和推广的同时也推出了许多低空旅游项目和产品。2016 年春节前夕，爱飞客携手海泉湾推出了直升机低空游

---

① 索有为：《中航国际在珠海打造"永不落幕的航展"》，http：//www. gd. chinanews. com/2015/2015 - 12 - 03/2/362858. shtml，2018 年 1 月 2 日。

览项目，该项目采用的是罗宾逊 R44 雷鸟系列 4 座直升机，拥有卓越的性能，巡航速度可高达 210 公里/小时，提供三条游览路线，包括高低空两圈本场观光路线、飞行特技体验、金台寺 25 分钟观光路线。与此同时，随着中航通飞华南基地的局部开发，珠海的工业旅游也将通过与资源整合打包，形成最多 2 天的游览线路。

3. 珠海通用机场建设启动夯实航空旅游基础

珠海通用机场项目获广东省批准，已进入建设阶段。珠海通用机场势必成为推动通用航空产业发展的重要抓手。该项目选址位于斗门莲洲镇，规划总占地 93.7 公顷，总投资达到 7.9 亿元。项目将建设一类通用机场，首期建设跑道 900 米×30 米，配套建设滑行道、停机坪、机库、航管、通信导航、航站区等公共设施，二期将延长跑道至 1800 米。① 随着机场的建设，各种飞机在全国首条低空航线的起降量将大幅增加。

以机场为载体，以中行通飞项目为龙头，推动珠海通用航空产业的发展，将使珠海航空产业园在 3 至 5 年内成为全国规模最大、实力最强、水平一流、前景广阔的通用飞机产业基地，有利于实现企业的空中资源和地面资源的积累，有利于构建通航运营产业链，珠海将有望在成为亚太地区重要的通用航空运营中心的同时，为国内低空空域的开放和利用探索出成功的通用航空产业运营模式。

二 珠海航空文化与航空旅游发展 SWOT 分析

（一）优势

1. 航空产业发展迅猛成为航空文化和旅游发展重要支撑

近年来，在"蓝色珠海、科学崛起"的引领下，由于广东省、市政府给予了资金和政策支持，珠海率先建设完善了低空空域管理服务体系，为珠海通用航空产业助力，迅速发展。珠海目前已成为中南地区通用航空产

---

① 钟夏：《珠海通用机场形成以珠海为中心的五小时通航圈》，http：//news. zh51home. com/artical/162248. html，2018 年 1 月 2 日。

业类别最齐全、运营企业最集中的区域。在中航通飞项目的带动下，珠海航空产业发展势头良好，形成了航空运输、物流、生产、加工、培训等产业基地，摩天宇、翔翼等30家航空产业的著名企业已在珠海落户。与此同时，珠海航空大世界也开始投资建设，这也是落实中航工业与广东省全面战略合作，融入珠三角区域发展经济圈的战略方针。航空大世界的即将建成，也将承担起传播航空文化的重要责任，填补国内航空文化旅游的空白，让人们真正体验航空、了解航空、参与航空、热爱航空，培养国人的航空意识，助力中国航空事业发展，也将为珠海市航空文化和旅游发展提供较好的平台。

2. 航空展览活动持续成功举办促进航空文化和旅游发展

历届航展的成功举办使珠海树立了"航空之城"的城市品牌，并成为国内外业界的关注焦点和交流平台。自1996年以来，珠海航展至今已经成功举办11届，跻身为世界五大航展之一，成为集贸易性、专业性、观赏性为一体的，代表当今国际航空航天先进科技主流，展示当今世界航空航天发展水平的盛会。目前，珠海市正以航展为依托，开发引进具有珠海特色的通用航空专业展会，包括通用航空飞行器静态展、通用航空飞行器动态表演、通用航空高端论坛、通用航空招商投资会等，打造一个航空领域全展会型的经济产业链。

珠海航展拥有三大无与伦比的价值：第一，航展是高科技的交流盛会，集结了人类的最高智慧；第二，航展也是一个大的经贸活动，航空航天业位于制造业价值链的最高端，是制造业龙头中的龙头；第三，航展是珠海巨大的无形资产，是提升城市知名度的重要平台。通过航展这个平台珠海取得了丰富的宣传推介成果，树立了良好的产业发展形象，成为国内外知名的新兴航空产业基地，未来可继续依托航展品牌发展航空产业。因"珠海航展"已经成为珠海市对外宣传的重要城市品牌，活动的持续成功举办也促使了珠海的航空文化和旅游更加深入人心。

3. 政府占尽低空空域改革先机快速推进航空文化和旅游

广东省是我国低空领域放开的首批省份之一，而珠海又是广东省率先放开低空空域的试点城市。珠海市未来将成为中国通用航空市场进行试点突破的主要区域，也会成为我国通用航空产业发展的排头兵。珠海的金湾区依托航空产业园和航空展品牌，已初步形成了以航空文化为主导的文化产业发展基础。

珠海开通全国首条低空航线，对我国低空空域改革具有重要意义。2014年6月，"珠海—阳江—罗定"航线的开通引领了国内开展低空空域改革试点的先试先行。作为全国首条低空航线，为珠海通用航空产业的发展提供了坚实的基础和保障。

经广东省爱飞客公益基金会申请，珠海市教育局审定，珠海首个航空科普类"中小学生综合实践基地"于2015年前获批，在珠海市航空产业园中航通飞华南公司正式揭牌。

2013年10月28日金湾航空城规划展览馆举行了揭牌仪式。展馆的建成使金湾航空新城的开发建设迈出关键性的一步，航空新城将突出航空产业配套特色，满足航空产业人员高端生活服务需要，从而实现真正意义上的航空产业"产城融合"。

随着港珠澳大桥建成通行、横琴新区开发建设的顺利推进，珠海航空产业的区域大环境迎来巨大改善，更多的人群将有更多的机会和方式接触、了解、参与航空文化，珠海市正在借鉴并吸取国内外优秀城市发展航空产业的经验，开发独具珠海特色的航空旅游方式。

很明显，珠海市政府占尽国家政策、地方航空产业发展优先落地的先机，得天独厚地拥有率先开发航空文化和航空旅游事业的宝贵资源。

（二）劣势

1. 通用航空基础设施薄弱，航空文化建设起步晚

尽管珠海市拥有上述优势，但现有的通用航空基础设施仍配套不足，产业发展后继乏力。珠海市目前的通用航空发展局限在传统的工农业作业市场，社会服务和消费类市场并未引起高度重视。真正体现航空旅游消费的市场比重较小，目前在消费类飞行和作业飞行之间，存在着一定的断层。由于珠海航空产业刚刚起步，尚未形成规模效应与品牌效应，企业单位数量不多，产业规模不大，尚未产生明显的产业集聚效应，除了航空的加工制造业相对集聚外，航空运输和物流服务产业、维修后勤配套等产业的发展都相对滞后。

2. 航空旅游产品数量少，航空旅游形象不够明晰

航空旅游产品类型较为单一，目前主要以观光旅游为主。休闲娱乐旅游、民航文化旅游、航空体验旅游等产品有待进一步研究开发，航空维修、飞行培训、机载设备、航空材料等航空相关产业仍处于空白阶段。

消费者对航空旅游的普遍认识也仅仅停留在航展上。对珠海市目前航空文化和航空旅游的发展并不了解，不具备足够强的消费动力和专业技能，具有吸引力的航空旅游产品不多。

（三）机遇

1. 国家推动航空产业转型，通用航空迎来发展春天

国家正推动航空产业军转民用、体制创新和区域调整，这正是珠海发展航空旅游和建设航空文化的大好时机。"中国制造2025"明确提出大力发展通用航空制造业，推动直升机、无人机、通用飞机产业化。目前，通航制造业发展势头良好，全国已经有了很多通用航空的生产线。中国通航产业的扶持政策正在相继出台。2012年12月，《通用航空发展专项资金管理暂行办法》正式颁布实施。与之同期，《放宽私用飞行驾照获取标准》正式下发，降低了私照的获取门槛，这将为中国通航事业的发展储备大量核心专业技术人才。私用驾照门槛的降低也将大大促进我国航空旅游的发展。

珠海通用航空产业属于国家通用航空发展战略的重要组成部分，是广东省市共建战略性新兴产业基地，全国四个航空产业示范基地之一的国家新型工业化产业化示范基地，跻身九个国家级航空产业园之列。[1] 2010年国务院发布《关于深化我国低空空域管理改革的意见》，并修订《通用航空经营许可管理规定》，率先在珠海等地设立通航飞行服务站试点，使珠海成为目前唯一在民航机场内的通航飞行站，政策的调整使珠海通用航空产业迎来快速发展机遇。

2. 通航基础设施不断完善，奠定航空文化旅游基础

"十三五"后全国将建成3000多个通用机场，珠三角通用机场将大幅

---

[1] 吴韵：《金湾区打造航空产业全价值链增长极》，http://www.hizh.cn/yaowen/368100.jhtml，最后访问时期：2018年1月2日。

增加，将来乘坐私人飞机将成为市民新的出行方式。截至 2015 年底，我国通用机场（含临时起降点）有 300 多个，通航公司 281 家，通用飞机 2186 架，通用航空从业人员 14500 多人。按照"十三五"规划及通用航空发展规划，在不久的将来我国将建成 3000 多个通用机场，逐步做到"县县通、市县通"。① 随着企业和个人汽车拥有量的大幅增加，全国越来越多的地方不断陷入堵车的泥潭。从供给侧改革与创新来看，地上拥堵，天路走起！社会对通用航空的潜在需求将逐渐变为现实需要，为通用航空发展创造了广阔的市场空间。

（四）挑战

1. 航空文化建设和航空旅游发展人才短缺

珠海市的通航产业正处于起步阶段，大部分飞行员主要从事飞行作业领域，低空旅游领域的专业飞行员培训尚未有专业的规范，低空旅游俱乐部等组织尚缺乏成熟的商业模式。

尽管近年来珠海市也加大了人才培养力度，先后组建了中山大学珠海分校、暨南大学珠海分校、北京理工大学珠海学院、吉林大学珠海学院等科研院所，但与广州、深圳等地相比，研发力量目前仍然有待提高，相关航空文化、旅游高层次的创意人才、技术人才、经营管理人才和营销人才相对短缺。

2. 航空文化建设和航空旅游发展市场竞争

国内许多城市把发展航空产业作为拉动本地区经济增长和产业升级、产业结构调整的重大战略。目前，我国已有 20 多个地方政府争先上马航空产业项目，并将其视为重点产业加以引导和扶持，航空产业开发建设呈现热火朝天的局面。相对来说，珠海航空产业园是航空产业的新兴力量，面临着底子薄、基础差、投入少等诸多难题，珠海发展航空产业面临着强大的竞争压力。但航空旅游仍是一个小众市场，我们对它的发展需要进行理性分析。珠海在航空旅游市场上仍处于试水阶段，更多的是一种品牌宣

---

① 钱春弦：《中国推进通用机场"县县通"市场需求巨大》，http：//news. xinhuanet. com/2015－03/14/c_ 1114640459. htm，最后访问时期：2018 年 1 月 2 日。

传，真正靠航空旅游业务实现大规模盈利的企业还非常少。

珠海发展航空文化建设和航空旅游具备了一定的优势和基础，但与珠三角其他城市（如广州、深圳、香港、澳门）相比，在同类资源差异性不大的情况下，如何发展特色鲜明、有市场潜力和吸引力的产业领域，是目前珠海市航空产业发展所面临的重要挑战。

三　珠海航空旅游发展战略与对策

（一）推进通航基础设施建设，夯实航空旅游发展基础

1. 通过通用机场建设打造航空旅游小镇

珠海通用机场建设工程地点在斗门区莲洲镇行政辖区内的嘉郁围、淋水围、欠益围一带，目前并没有直达的交通，周边功能以生态农业为主，距离御温泉度假村、斗门古镇等著名旅游景点不到10公里，周边旅游资源丰富，以特色乡村游为主。斗门区完全可以借助通用机场建设的机遇，将莲洲生态旅游文化与航空文化整合，打造生态环境优美型航空旅游小镇。

莲洲航空旅游小镇发展可采取以混合型为主导、兼具特色的发展模式。在航空小镇里，不仅有机场，还要有居住社区，以及一系列配套产业及设施。由核心区、商业区、住宅区、休闲区等构成，其中核心区以机场为中心，主要包括航空俱乐部、航空会展中心、飞行培训学院、空间模拟训练中心等；商业区包括商业街、航空主题乐园、航空博物馆、航空4S店、交易与租赁中心、医疗养护等；住宅区包括度假中心、酒店、商业住宅地产等；休闲区包括绿色主题公园、高尔夫球场、房车宿营基地、马术、游艇等娱乐区。要完善交通，依托通用机场，要对周边交通的具体组织、与高快速路的联通、发展航空小镇等条件和方向进行进一步的论证。

2. 扩充直升机起降平台丰富飞行路线

以旅游市场为主的航空公司需要对资源进行进一步整合，进一步完善和改进，充分挖掘资源，更好、更大地占领低空旅游市场。尤其是粤港澳地区的游客比较重视多样化的体验，直升机低空游珠海不仅契合当前低空

开放、通航发展的形势，以及珠海航空城市的定位，① 也符合珠海产业发展和消费者的需求，是很有特色的旅游项目。未来，低空游珠海旅游产品还可以再细分，比如开发不同的线路，让游客有更多的选择，让珠海深度游的体验更丰富。当然，要大力发展直升机低空游势必需要扩充直升机起降平台来满足越来越旺盛的市场需求。

未来珠海应大力推动直升机起降平台建设，以丰富低空旅游飞行路线。未来可在旅游发展成熟的海岛，如东澳岛、外伶仃岛等建设直升机起降平台，为海岛旅游开辟低空旅游航线打基础。在成熟旅游景区，如长隆、御温泉、海泉湾等建设直升机起降平台，为设计多元化旅游线路、丰富游客旅游体验做准备。

（二）内外航空产业互动与资源全要素整合战略

1. 统筹考虑——海陆空立体低空旅游资源

统筹考虑珠海海域资源、土地资源及空域资源，统筹航空旅游项目。依托珠海国际航展、通用航空产业基地、国家低空空域管理试点城市资质等优势资源，围绕未来航空科技旅游区定位，重点建设航空科技娱乐基地，低空飞行体验圣地和海、陆、空立体绿道旅游，力争使珠海成为中国第一个全方位拓展"海、陆、空"立体旅游空间的城市。

航空科技娱乐基地：借珠海国际航展和通航工业优势，打造全国首个航空科技娱乐基地，融合发展观光游览、工业旅游、互动体验等多种旅游形式。

低空飞行体验圣地：发挥珠海低空空域管理试点城市及海岸线、群岛优美的自然风光优势，打造低空飞行体验圣地，为游客提供与天空亲密接触的多样化体验。

立体绿道观光体系：打造"海上绿道""空中绿道"，围绕珠海立体旅游的发展思路，在完善广东骑行绿道珠海段的基础之上，拓展骑行、自驾、游艇、航空飞行器等多元化旅游交通方式，开创性地建设全国首

---

① 殷贝：《俯瞰珠海体验别样风景 直升机低空游昨首航》，http://news.carnoc.com/list/299/299359.html，最后访问时期：2018年1月2日。

个"海、陆、空"全方位立体绿道体系，推广行游相兼的休闲旅游新方式。

2. 联合互动——内外拓展低空旅游发展空间

对接港、澳、珠三角客源市场，联合阳江等周边地区共同开发空域资源，拓展航空旅游发展空间。

联合粤西地区阳江等城市合作开发空域资源。以珠海通航飞行服务站和低空航线的运营为抓手，通过珠海、阳江两个通用机场和通航运营网络建设实现企业的空中资源和地面资源的积累，航空城集团正着力形成并完善通用航空服务网络，为通航飞行和通航产业的发展创建优良环境。珠海机场应该充分利用好在珠三角西岸珠中江三个城市群当中的龙头地位的优势，打造珠中江航空都市圈，积极联合周边中山、江门、阳江等城市共同开发空域资源，扩大珠海航空旅游辐射范围。发展通航旅游的基础条件主要包括空域资源、起降场地、人才资源等。

开展航空旅游市场精准宣传。首先，针对高端消费群，提高广告投放的精准度，利用各大航空公司的头等舱杂志对珠海航空旅游进行简介；瞄准各航空公司以及各大酒店的 VIP 金卡会员进行邮件推送、会员杂志投递等。其次，针对深度主题游客群，联合境内外的专业主题游网站，例如航空航天港、中国低空飞行俱乐部等有针对性地对专业客群进行宣传推广，利用境内外知名旅游网站的主题游专题版块介绍珠海特色的航天旅游。

3. 互动协调——航空旅游发展定位融入大湾区

打造航空旅游发展新引擎，融入粤港澳大湾区、港珠澳世界级旅游休闲度假区产品体系。港珠澳大桥时代，珠海将融入"港珠澳世界级休闲旅游区"。珠海将依托独一无二的海陆空立体旅游资源优势，与港澳旅游错位发展、优势互补，丰富区域旅游产品体系，形成港珠澳世界级休闲旅游区旅游新增长极[①]；发挥三地国际多元文化、主题乐园、商务会展等领域共同优势，强强联合、共塑品牌，以中西合璧、文化交融展示为桥梁纽带，形成港珠澳世界级休闲旅游区旅游集中展示窗口；发挥土地空间资源

---

① 沈文金、林群贤、白洋：《港珠澳"金三角"剑指世界级旅游区》，http：//news. sina. com. cn/c/2015 - 07 - 10/055932092762. shtml，最后访问时期：2018 年 1 月 2 日。

优势，承载重大旅游项目，以横琴国际旅游特别合作区为先导，配合澳门建设"世界旅游休闲中心"，成为港珠澳世界级休闲旅游区旅游纵深发展区。

（三）龙头航空旅游项目带动与整体环境营造战略

1. 积极推进航空大世界旅游项目落地运营

珠海"中航·航空大世界"由中航国际投资建设，该项目以航空科技为依托、航空文化为主线，将被打造成为"全球首个以航空文化为主题，集参与性、体验性为一体的世界级航空文化旅游目的地"。航空大世界是展示航空科技文化的旅游综合体，不仅覆盖了社会上已经存在的博物馆、科技馆和主题公园内容，还将探索"航空博物展示＋航空科技文化体验＋航空旅游休闲＋航空科技创新"的产业发展新形态，提供文化旅游行业全新的体验产品。航空大世界还将承担传播航空文化的重要责任，让人们真正体验航空、了解航空、参与航空、热爱航空，培养国人的航空意识，助力中国航空事业发展。

为推动航空大世界项目尽快落地，珠海市政府要全力支持中航工业在珠海发展，共同推进爱飞客小镇、航空大世界等项目的建设和运营，积极与中航合作推进航空大世界旅游项目，打造珠海旅游新亮点和航空文化新地标。为此，政府可以成立"航空大世界调研小组"积极跟进航空大世界建设进度情况。

2. 以航空旅游产品思维建设航空新城

在航空新城建设中应以航空旅游产品思维在航空新城的方方面面凸显航空元素。包括路灯、建筑、餐厅、路标、广场、公园，还有造型等都应考虑如何运用航空文化。可以结合创意产业园区建设园区公园；建航空主题公园，充分体现新城的航空特色；航空小镇公园，为小镇居民提供休闲娱乐场所，更进一步彰显新城航空文化。在航空旅游产品的品牌构建中要突出航空文化，航空文化帮助并促进航空旅游产品品牌价值的提升，是其品牌价值实现的手段和保证。如果没有航空文化去"塑造"品牌，那么品牌是苍白的，毫无生命力的。因此，塑造航空旅游产品品牌必须注入航空文化元素。

珠海航空文化旅游资源富集，航空新城建设应从食住行游购娱等方面入手，着力突出航空文化，如建设航空主题酒店，设立航空文化节，普及低空游旅游产品，开发航空旅游纪念品等，将航空旅游、航空文化、经贸活动有机结合，相互交融、丰富内涵，突出特色、注重实效，这是航空新城建设及影响力扩大的关键所在。

（四）充分整合航空文化资源，打造航空旅游品牌

1. 打造立体化航空旅游产品服务体系

航空和旅游，两者有着很大的差异，但是，也具备价值链构建的一些同质化的特征。比如，两者都是过程型消费，这也为珠海航空旅游价值链的构建提供了良好的基础。

珠海的航空旅游产业链应是一个以航空旅游为核心，纵向延伸和横向拓展的产业网络。从纵向延伸来看，需要基础支撑服务（包括场地服务、空管服务、运营服务、俱乐部等）、延伸配套服务（包括保险、人才培训及航空器材维护服务）；从横向拓展来看，主要是以航空旅游为主题和元素的娱乐会展、主题地产、相关组织等服务。必须为这一产业链打造相关的支撑及配套服务体系。

2. 开发珠海低空旅游专项产品

鼓励发展低空旅游交通产品，尤其是景区直航。景区直航主要指珠海旅游集散点到珠海各景区的空中旅游交通。构建集散点–景区（1…n）–集散点的网络化的航线和停靠设施是该类产品开发的核心条件。

进一步开拓低空观光旅游产品覆盖范围。开发珠海城市低空观光、景区低空游览以及空中主题活动等。在产品开发中，一是与珠海自然景区的其他游览方式（如游船、缆车等）结合，提升体验丰富性；二是在中间停靠点开发特色化的体验产品；三是与城市观光产品联动，开发自然与人文结合的旅游线路。另一些专业化、特色化产品开发可与婚庆、摄影广告、商务租赁等专业化服务公司合作，实现空中主题活动的专业化，这类活动在珠海航空旅游产品中具有较好的可操作性和可行性。

参考文献

《金湾将成新兴航空城》,《南方都市报》2009 年 12 月 2 日,第 4 版。

中共中央宣传部:《习近平总书记系列重要讲话读本》,学习出版社、人民出版社,2014,第 92 页。

黄汉纲:《冯如研究》,广东省中山图书馆、恩平县政协文史资料研究委员会,1991。

《航展故事》,中国国际航空航天博览会官网,http://www.airshow.com.cn/cn/AboutUs/AboutTheCompany/2014 - 06 - 29/19846.html,2018 年 1 月 2 日。

珠海市地方志办公室:《珠海历史回眸》,珠海出版社,2006。

韩建昌:《通用航空的文化特性》,《军工文化》2013 年第 12 期。

Aviation Culture Construction and Aviation Tourism Development in Zhuhai

Kan Xinglong

Abstract:Based on the status quo of aviation culture construction and aviation tourism development in Zhuhai, with the breakthrough of China's low-altitude airspace management reform and significant measures taken by Guangdong province to develop aviation industry, the paper explores development strategies on the aviation culture construction and the interactive and integrative development of aviation featured tourism in Zhuhai, aiming to enrich the research achievements in this field, fill in the academic gaps in Zhuhai and propel its aviation culture construction and aviation tourism product development and innovation.

Keywords:Air Show;Aviation Culture;Aviation Tourism;Zhuhai

征稿启事

《珠海潮》创刊于 1995 年，是由中共珠海市委宣传部主管、珠海市社会科学界联合会主办的社科理论刊物。《珠海潮》立足珠海、辐射粤港澳大湾区、面向全国，秉持开放创新的办刊宗旨，始终勇立时代潮头，站在学术理论前沿，从多学科专业性视角，以中国特色社会主义事业发展和实践中面临的理论和现实问题为研究重点，旨在构建粤港澳大湾区的新型智库，为广大社科工作者提供优质的学术研究和交流平台。本刊以粤港澳大湾区、生态文明建设、特区探索、"一带一路"倡议、容闳与留学文化研究为特色，兼顾文史哲、政经管、法律、教育等领域。

自 2018 年起，《珠海潮》由社会科学文献出版社公开出版，成为中国集刊的组成部分，全年发行 4 期。所刊登稿件以单篇文章形式纳入中国集刊数据库，并经由中国集刊网（www.jikan.com.cn）统一向外发布。本刊通过社会科学文献出版社进入"中国知网"和邮发系统，所刊重点优秀文章可被推荐至《社科文摘》《人大报刊复印资料》等刊登，逐步达到与南京大学 CSSCI 标准接轨的目标。

本刊长期征集稿件，欢迎哲学社科领域的专家学者、广大教师及各界同仁踊跃撰稿投稿。征稿内容包括但不仅限于：哲学社科领域各学科基础研究和应用研究，基于本地区乃至全国经济社会发展的理论和现实问题研究，推动实施国家重大战略的相关研究等。

稿件具体要求如下：

稿件须为原创作品，凡已公开发表、存在抄袭问题的文章一律不予采用。来稿应确保不涉密、署名无争议，作者文责自负。

来稿应达到公开发表的学术价值和文字质量要求。主题明确、结构严谨、数据可靠、文字简练，一般稿件以 8000 字为宜，最多不超过 15000

字。投稿前请与《珠海潮》编辑部取得联系，获取《〈珠海潮〉写作编辑规范》，严格按规范对文章各要素进行核校、补充和修改。稿件须采用Word 格式以邮件附件方式发送至本刊编辑部电子邮箱。如首次向《珠海潮》投稿，应在邮件正文中提供作者真实姓名、所在单位、职称、学历学位、研究领域，以及电话、电子邮箱、邮寄地址等信息。

编辑部有责任对稿件作技术性和文字性修改，作者有义务根据编辑意见建议进一步修改稿件。如不同意作任何修改的，请在来稿时注明。

稿件一经采用，将向作者赠送当期刊物两册，并支付稿酬，稿酬标准为 120～150 元/千字，优稿优酬。权威人士的特稿不按字数计费，3000～5000 元/篇。如稿件不予采用的，不再通知作者，作者可主动咨询。故 3 个月未经采用的稿件，作者可自行处理。编辑部不做退稿处理，请作者注意保留原稿。

联系电话：0756 – 3255224/3335089

电子信箱：zhuhai_ chao@ sina. com （请注明 "投稿" 字样）

图书在版编目(CIP)数据

珠海潮. 2018年. 第1期: 总第89期 / 珠海市社会
科学界联合会编. -- 北京: 社会科学文献出版社,
2018.3
 ISBN 978 - 7 - 5201 - 2514 - 7

 Ⅰ.①珠… Ⅱ.①珠… Ⅲ.①区域经济发展 - 研究 -
珠海 ②社会发展 - 研究 - 珠海 Ⅳ.①F127.653

中国版本图书馆 CIP 数据核字(2018)第 059655 号

珠海潮(2018 年第 1 期 总第 89 期)

编 者 / 珠海市社会科学界联合会

出 版 人 / 谢寿光
项目统筹 / 陈晴钰
责任编辑 / 陈晴钰

出 版 / 社会科学文献出版社·皮书出版分社 (010) 59367127
        地址:北京市北三环中路甲 29 号院华龙大厦 邮编:100029
        网址:www.ssap.com.cn
发 行 / 市场营销中心 (010) 59367081 59367018
印 装 / 三河市尚艺印装有限公司

规 格 / 开 本:787mm × 1092mm 1/16
        印 张:12 字 数:186 千字
版 次 / 2018 年 3 月第 1 版 2018 年 3 月第 1 次印刷
书 号 / ISBN 978 - 7 - 5201 - 2514 - 7
定 价 / 69.00 元